O REIZINHO
DA CASA

DR. GUSTAVO TEIXEIRA

O REIZINHO DA CASA

Manual para pais de crianças opositivas, desafiadoras e desobedientes

14ª edição

RIO DE JANEIRO | 2024

CIP-BRASIL. CATALOGAÇÃO NA PUBLICAÇÃO
SINDICATO NACIONAL DOS EDITORES DE LIVROS, RJ

	Teixeira, Gustavo
T266r	O reizinho da casa / Gustavo Teixeira. – 14ª ed. – Rio de Ja-
14ª ed.	neiro: Best*Seller*, 2024.

Inclui apêndice
ISBN 978-85-7684-641-3

1. Agressividade (Psicologia) 2. Crianças-problema – Modificação de comportamento. 3. Comportamento – Modificação. 4. Agressividade (Psicologia) em crianças. 5. Distúrbios de conduta em crianças. 6. Agressividade (Psicologia) em adolescentes. 7. Psicologia do adolescente. 8. Psicologia infantil. I. Título.

13-06193   CDD: 618.928589
                                                   CDU: 616.89-008.61

Texto revisado segundo o novo
Acordo Ortográfico da Língua Portuguesa.

TÍTULO ORIGINAL:
O REIZINHO DA CASA
Copyright © 2014 by Gustavo Teixeira

Capa: Elmo Rosa
Editoração eletrônica: Abreu's System

Todos os direitos reservados. Proibida a reprodução,
no todo ou em parte, sem autorização prévia por escrito da editora,
sejam quais forem os meios empregados.

Direitos exclusivos de publicação em língua portuguesa para o mundo
reservados pela
EDITORA BEST SELLER LTDA.
Rua Argentina, 171, parte, São Cristóvão
Rio de Janeiro, RJ – 20921-380

Impresso no Brasil

ISBN 978-85-7684-641-3

Seja um leitor preferencial Record.
Cadastre-se e receba informações sobre nossos
lançamentos e nossas promoções.

Atendimento e venda direta ao leitor:
mdireto@record.com.br ou (21) 2585-2002

Dedico este livro aos meus reizinhos da casa, Pedro Henrique e João Paulo.

AGRADECIMENTOS

Aos meus queridos amigos, sempre presentes em minha vida e que emprestaram seus nomes aos personagens deste livro.

Ao psicólogo cognitivo-comportamental Maurício Bastos, pela revisão técnica desta obra.

Ao César de Moraes, o "Cesão", médico psiquiatra da infância e adolescência e prefaciador desta obra.

SUMÁRIO

Agradecimentos 7

Prefácio 11

Apresentação 15

1. Transtorno desafiador opositivo 17

2. Quais são as causas? 29

3. Transtornos associados 35

4. Tratamento 43

5. Transtorno de conduta 51

6. Transtorno de personalidade antissocial 59

7. Skinner e as técnicas comportamentais 65

8. Guia dos Pais 85

Apêndice I.
Tabela de economia de fichas..................................... 95

Apêndice II.
Menu de recompensas 97

Apêndice III.
Contrato pais-filho... 99

Apêndice IV.
Diário escolar de comportamento............................... 101

Bibliografia.. 103

O autor 107

Prefácio

Com características semelhantes a outros transtornos comportamentais com início na infância e adolescência, o estudo do transtorno desafiador opositivo pode nos ajudar a compreender as principais causas, a evolução e as melhores opções de tratamento deste e de outros transtornos mentais.

Uma primeira importante característica é o aspecto dimensional do transtorno: apesar de haver alguns sintomas que são observados no desenvolvimento normal, a alta frequência e a intensidade dos sintomas transformam comportamentos considerados normais em comportamentos disfuncionais, geradores de forte impacto negativo sobre a dinâmica familiar e a vida social e escolar dos indivíduos afetados.

Como em outros transtornos comportamentais, a presença de comorbidades psiquiátricas associadas ao transtorno desafiador opositivo é comum. Quanto maior o número de transtornos psiquiátricos presentes, maior o impacto, mais difícil é o tratamento e pior a sua evolução.

Outra importante característica do transtorno desafiador opositivo é sua etiologia multifatorial, que considera a associação dos aspectos genéticos, emocionais e ambientais dos indivíduos opositores como sua melhor explicação causal.

Comumente, o seu curso é associado a outros transtornos psiquiátricos graves, como o transtorno de conduta, o abuso de substâncias psicoativas e o transtorno de personalidade antissocial. A presença do transtorno desafiador opositivo na infância pode ser um fator de risco para desenvolver esses transtornos a partir da adolescência.

Por ser um transtorno frequente e iniciado precocemente, propostas psicoeducacionais que ofereçam um maior conhecimento (por parte dos professores e pais) dos principais sintomas e das formas de prevenção e intervenção precoces constituem uma importante forma de tratamento e de se evitar o curso deteriorante do transtorno.

O mérito deste "guia para pais" é a forma clara e objetiva com que o autor lida com esses temas. O livro nos transmite informações essenciais sobre as formas de avaliação e diagnóstico, além de suas principais causas e transtornos associados. O assunto se aprofunda nas principais opções de tratamento e nos fatores de bom e mau prognóstico. É finalizado com dicas práticas para se lidar com indivíduos com transtorno desafiador opositivo (como reforço positivo

PREFÁCIO

e punições brandas) que podem ser utilizadas por pais e responsáveis em qualquer modelo educacional.

Um ponto central do livro é a importância da aliança entre pais, professores e profissionais de saúde. Essa aliança constitui a base de qualquer proposta terapêutica. Quando o tripé "família, escola e profissional da área de saúde mental" funciona bem, a eficácia do tratamento atinge seu ápice.

Em relação ao autor, o colega Gustavo tem se destacado por sua sólida formação, seus livros, seus sites e palestras de orientação para pais, professores e população em geral.

Além disso, sua participação em entidades associativas nacionais e internacionais (como a Associação Brasileira de Neurologia, Psiquiatria Infantil e Profissões Afins e a American Academy of Child and Adolescent Psychiatry) lhe permite manter-se constantemente atualizado.

No Brasil, apesar da reconhecida importância dos métodos psicoeducacionais, os profissionais, pais e professores ainda são muito carentes de obras como esta, bem-feitas e baseadas em evidências científicas atualizadas.

DR. CÉSAR DE MORAES
PROFESSOR DE PSIQUIATRIA INFANTIL
DO CENTRO DE CIÊNCIAS DA VIDA — PUC-CAMPINAS

Apresentação

A desobediência dos filhos é um problema que interessa a todos os pais, professores e pessoas que lidam com o público jovem. Para além do que o senso comum e a tradição de nossos pais e avós nos ensinam, o que mais podemos saber sobre como lidar com essa realidade? E quando o problema alcança a gravidade de uma doença? O que fazer?

Gustavo Teixeira é um médico especialmente envolvido com essas questões e nos oferece, de maneira simples e direta, um quadro esclarecedor de como entender e identificar o transtorno desafiador opositivo, quadro sintomático que extrapola a simples desobediência de um jovem que se esforça para desenvolver a identidade marcando posições e definindo seu contorno a partir da oposição com o outro. Trata-se, sim, de um conjunto de comportamentos profundamente perturbadores da harmonia familiar e impeditivos

O REIZINHO DA CASA

para o ajuste à escola e à maioria dos contextos sociais que compõem o trajeto de construção de uma vida produtiva e com laços afetivos duradouros.

Este livro tem início com uma visão acessível das características do transtorno na família e na escola, sua avaliação diagnóstica e seu curso de desenvolvimento. Ajuda a esclarecer sobre as causas e outros transtornos associados. Uma ênfase importante que marca a preocupação do autor é a prevenção e a intervenção precoce. Observações importantes são feitas no sentido de sensibilizar a sociedade para um olhar precoce sobre o que fazer na escola antes que os problemas se tornem de maior gravidade, na forma de um transtorno da conduta ou de um transtorno da personalidade antissocial.

O autor oferece uma base de princípios da psicologia comportamental para guiar procedimentos educativos e de intervenção sobre o desafio e a desobediência. Este guia para pais, professores e profissionais interessados atende não apenas ao problema educacional específico dos transtornos em questão, mas serve também como um guia educacional geral, até mesmo para o manejo da relação com os jovens em desenvolvimento normal. Técnicas simples são apresentadas junto a exemplos ilustrativos fáceis de serem aplicados. Este livro representa uma interessante introdução para os estudiosos do tema e um bom guia para pais e professores.

DR. MAURÍCIO CANTON BASTOS
PSICOTERAPEUTA COGNITIVO-COMPORTAMENTAL,
DOUTOR EM PSICOLOGIA PELA UFRJ

CAPÍTULO 1

TRANSTORNO DESAFIADOR OPOSITIVO

Dezembro de 2002, sábado de sol forte no Rio de Janeiro, 2 horas da tarde. Eu me preparava para pegar uma praia — a turma de amigos já me aguardava no tradicional Posto 8 de Ipanema — quando recebi um telefonema do serviço de emergência no qual trabalhava. Perguntavam se eu estaria disponível para um atendimento na cidade de Niterói.

— Mas é claro, Zé Antonio! Qual é o caso?

Um pai de família havia ligado desesperado, dizendo que o filho estava agressivo, nervoso e se recusando a ir para a aula de reforço escolar, ameaçando bater na mãe e na avó.

Bem, mudança de planos... e ao trabalho. Rápida troca de roupas, e em alguns minutos estava dirigindo pela ponte Rio-Niterói. Momentos depois eu adentrava a residência, onde um pai angustiado solicitava minha ajuda. O relato do pai de Ricardo era que o filho frequentemente desafiava e se opunha à sua autoridade, apresentava-se agressivo, discutia, não aceitava regras familiares e tinha um desempenho escolar ruim, pois se recusava a realizar deveres ou a copiar do quadro-negro.

Ao entrar na residência, os pais me conduziram por um corredor que levava à sala de estar. Ali, eu esperava encontrar um adolescente forte e raivoso, talvez adepto do fisiculturismo, praticante de artes marciais, pronto para brigar com qualquer pessoa que cruzasse seu caminho; entretanto, para minha surpresa, deparei-me com ele: o reizinho da casa!

Tratava-se de um garoto com apenas 8 anos de idade, 1,40 metro de altura, gorducho, sentado na única poltrona da sala, em frente à televisão, com um grande pacote de biscoitos. Ele gritava com todos:

— Quero mais biscoito! Agora! Agora, pô!

Foi prontamente atendido pela avó.

Parecia que algo realmente disfuncional estava ocorrendo naquela família; o garoto parecia um "reizinho sentado no trono", delegando ordens e realizando exigências a todos da casa. Ele realmente dominava os pais, era o "dono do pedaço"!

Eu estava diante de um quadro clínico comum nos consultórios médicos de psiquiatria infantil, um caso clássico de transtorno desafiador opositivo. Como poderia uma criança daquela idade desafiar, manipular e mandar nos próprios pais?

O transtorno desafiador opositivo é uma condição comportamental comum entre crianças de idade escolar e pode ser definido como um padrão persistente de comportamentos negativistas, hostis, desafiadores e desobedientes observado nas interações sociais da criança com adultos e figuras de autoridade de uma forma geral, como pais, tios, avós e professores, podendo estar presente também em seus relacionamentos com amigos e colegas de escola. Esse transtorno pode estar relacionado com outras condições comportamentais e frequentemente precede o desenvolvimento do transtorno de conduta, uso abusivo de drogas e comportamento delinquencial.

As principais características do transtorno desafiador opositivo são perda frequente da paciência, discussões com adultos, desafio, recusa a obedecer a solicitações ou regras, perturbação e implicância com as pessoas, que podem ser responsabilizadas pela criança e pelos seus erros ou mau comportamento. Ela se aborrece com facilidade e em geral se mostra enraivecida, agressiva, irritada, ressentida e vingativa. São crianças que apresentam uma dificuldade no controle do temperamento e das emoções, uma teimosia persistente; elas são resistentes a ordens e parecem estar testando os limites dos pais a todo momento.

Os sintomas aparecem em vários ambientes, mas é na sala de aula e em casa que estes podem ser mais bem-observados. Tais sintomas devem causar prejuízo significativo na vida social, acadêmica e ocupacional da criança. É importante observar que no transtorno desafiador opositivo não há sérias violações de normas sociais ou direitos básicos alheios, como ocorre no transtorno de conduta.

Estudos americanos atribuem esse diagnóstico em cerca de 10% das crianças em idade escolar, sendo duas vezes mais frequente entre meninos. Os sintomas iniciais do transtorno desafiador opositivo ocorrem normalmente entre 6 e 8 anos de idade.

Com frequência, essas crianças e adolescentes têm baixa autoestima e baixa tolerância às frustrações, humor deprimido, ataques de raiva e poucos amigos, pois costumam ser rejeitados pelos colegas por causa de seu comportamento impulsivo, opositor e de desafio às regras sociais do grupo. O início do uso abusivo de álcool e outras drogas merece especial atenção nesses casos, pois os conflitos familiares gerados pelos sintomas do transtorno, comportamentos de oposição e de desafio podem facilitar o envolvimento problemático com essas substâncias no futuro.

É muito importante ressaltar que o transtorno desafiador opositivo é muito mais do que aquela "birra" ou desafio típico de uma criança, que seria, na verdade, uma simples reação contextual de oposição, por exemplo, quando a criança deseja um sorvete e não é atendida pela mãe. Devemos entender também que um comportamento opositivo temporário é comum, fazendo parte do desenvolvimento normal da criança, tendo inclusive um aumento natural durante a adolescência. No transtorno desafiador opositivo nos deparamos com crianças que apresentam sintomas severos, provocando graves prejuízos em sua vida acadêmica e social e interferindo muito no relacionamento com membros da família.

TRANSTORNO DESAFIADOR OPOSITIVO

Saber diferenciar esse transtorno de um comportamento opositivo e desafiador normal que toda criança experimenta durante seu desenvolvimento, conforme cresce e ganha mais autonomia, é fundamental. Por exemplo, costumo dizer que nós, seres humanos, quando nascemos, ganhamos um "kit de sobrevivência", nosso cérebro. Apesar de sermos os seres vivos mais desenvolvidos do planeta, no nascimento possuímos um cérebro pequeno e pouco desenvolvido. Diferentemente de outros animais, como um bezerro ou mesmo o Bandit, meu cachorro, que com apenas 2 meses já é capaz de se locomover e se alimentar sozinho, e ainda aprontar as mais diversas estrepolias. Um bebê humano é um ser completamente dependente de seus cuidadores até pelo menos os primeiros anos de vida. O que um bebê recém-nascido faz quando está com fome? Quando está com sede? Quando está com frio? Quando deseja a companhia da mãe? A resposta será sempre a mesma: chora! Na verdade, a natureza, muito sábia, nos equipou com esse kit básico de sobrevivência, capaz de despertar a atenção da mãe sempre que necessário, e que proporcionou a perpetuação da espécie durante os últimos 200 mil anos. No decorrer dos dias, meses e anos após o nascimento, esse cérebro pequeno, com poucas células nervosas e ligações sinápticas, irá se desenvolver, ganhar peso, novas conexões axoniais e dendríticas, e em algum tempo esse ser humano será capaz de atribuições fantásticas, ganhando muita autonomia.

Essa criança em desenvolvimento poderá, certo dia, estar passeando no shopping center com a mãe. Que características permitirão dizer que essa criança possui aproximadamente 2 anos de idade? A resposta certa é: se a criança já anda e fala algumas palavras, é possível que possua cerca de 2 anos. Nesse momento do desenvolvimento, muitos pais costumam relatar comportamentos de oposição de seus filhos, fato amplamente observado em outras culturas, como a americana, que caracteristicamente chama essa fase do desenvolvimento de *terrible two*, ou os "dois anos terríveis".

Vamos a mais um exemplo que ilustra essa questão: quando um bebê de colo acompanha a mãe ao supermercado e esta deseja buscar um extrato de tomate ou um frasco de maionese, o bebê, por razões óbvias, obrigatoriamente a acompanha. Anos mais tarde, a mesma mãe pode encontrar dificuldades ao adentrar o supermercado com seu filho. Ora, caso o filho não deseje acompanhá-la a determinada área do estabelecimento, ele andará em outra direção, por exemplo, ou falará: NÃO! Eis, por sinal, a primeira palavra que muitas crianças aprendem a falar, algo absolutamente normal, devo dizer.

Dessa forma, é muito importante que pais, responsáveis e educadores saibam diferenciar esse comportamento opositivo normal que toda criança vivencia durante seu desenvolvimento conforme ganha autonomia.

Avaliação e diagnóstico

Algumas investigações clínicas são importantes para um correto diagnóstico de crianças com o transtorno desafiador opositivo. A avaliação se inicia com uma cuidadosa entrevista médica com os pais ou responsáveis pela criança. Nesse momento serão investigados os sintomas, características e prejuízos que motivaram a busca por ajuda médica.

Essa avaliação familiar será muito importante para entendermos os padrões de comportamento dos pais, o estilo e o método de criação parental empregados, a interação social entre os membros da família, a comunicação parental, além da história familiar de transtornos comportamentais, alcoolismo, drogas, agressividade e violência.

A avaliação escolar também será fundamental nesse processo investigativo, afinal a criança passa grande parte de seu dia na escola. Através de uma avaliação escolar dissertativa, poderemos obter informações essenciais a respeito do desempenho acadêmico, do padrão de comportamento em sala de aula e no recreio escolar, da interação social com colegas, professores e funcionários da instituição de ensino.

Para facilitar a compreensão do quadro clínico, descrevo os critérios diagnósticos segundo o Manual Diagnóstico Estatístico dos Transtornos Mentais da Associação Americana de Psiquiatria (American Psychiatry Association) para o transtorno desafiador opositivo:

A. Um padrão de comportamento negativista, hostil e desafiador que dure pelo menos 6 meses, durante os quais 4 (ou mais) das seguintes características estão presentes:

(1) frequentemente perde a paciência

(2) frequentemente discute com adultos

(3) com frequência desafia ou se recusa ativamente a obedecer a solicitações ou regras dos adultos

(4) frequentemente perturba as pessoas de forma deliberada

(5) frequentemente responsabiliza os outros por seus erros ou mau comportamento

(6) mostra-se frequentemente suscetível ou é aborrecido com facilidade pelos outros

(7) está frequentemente enraivecido e ressentido

(8) está frequentemente rancoroso ou vingativo

Obs.: Considerar o critério satisfeito apenas se o comportamento ocorre com maior frequência do que se observa tipicamente em indivíduos de idade e nível de desenvolvimento comparáveis.

B. A perturbação do comportamento causa prejuízo clinicamente significativo no funcionamento social, acadêmico ou ocupacional.

C. Os comportamentos não ocorrem exclusivamente durante o curso de um transtorno psicótico ou transtorno do humor.

D. Não são satisfeitos os critérios para transtorno da conduta e, se o indivíduo tem 18 anos ou mais, não são satisfeitos os critérios para transtorno da personalidade antissocial.

Na escola

O desempenho escolar pode estar comprometido, e reprovações escolares são frequentes. Esses jovens não participam de atividades em grupo, recusam-se a pedir ou a aceitar ajuda dos professores e querem sempre solucionar seus problemas sozinhos.

Essas crianças desobedecem e desafiam a autoridade de professores e funcionários da escola, são muito impulsivas, brigam com colegas de sala de aula, não aceitam ordens, não realizam deveres escolares e sempre responsabilizam os outros por seu comportamento hostil e disfuncional.

Transtorno desafiador opositivo na escola

- ❏ Discute com professores e colegas.
- ❏ Recusa-se a trabalhar em grupo.
- ❏ Não aceita ordens.
- ❏ Não realiza deveres escolares.
- ❏ Não aceita críticas.
- ❏ Desafia a autoridade de professores e coordenadores.
- ❏ Deseja tudo ao seu modo.
- ❏ É o "pavio curto" ou o "esquentado" da turma.
- ❏ Perturba outros alunos.
- ❏ Responsabiliza os outros por seu comportamento hostil.

Curso e prognóstico

O curso e a evolução do transtorno desafiador opositivo são variáveis. Formas leves apresentam melhores prognósticos e evoluções positivas, enquanto sintomas mais severos tendem a tornar-se crônicos quando não tratados.

Crianças com início precoce e sintomas severos do transtorno desafiador opositivo, incluindo brigas corporais, agressividade, pais usuários de drogas e níveis socioeconômico e cultural menos favorecidos são fatores que aumentam o risco para a piora do quadro e futuro desenvolvimento do transtorno de conduta na adolescência. Estatisticamente, 67% das crianças com o diagnóstico de transtorno desafiador opositivo deixarão de apresentar os sintomas nos anos seguintes, desde que acompanhadas terapeuticamente, enquanto que as restantes poderão perpetuar os sintomas ou ainda intensificá-los até se transformarem em um transtorno de conduta.

Desta forma, cerca de 30% das crianças com diagnóstico inicial de transtorno desafiador opositivo irão evoluir para o transtorno de conduta na adolescência, e naquelas em que o início dos sintomas opositivos e desafiadores foi precoce, antes dos 8 anos de idade, o risco de evolução para o transtorno de conduta será muito maior. Quando o transtorno desafiador opositivo não é tratado, a evolução para o transtorno de conduta pode ocorrer em até 75% dos casos. Diante desse fato, diversos autores consideram o transtorno desafiador opositivo um antecedente evolutivo do transtor-

TRANSTORNO DESAFIADOR OPOSITIVO

no de conduta. Logo, o diagnóstico e o tratamento precoce podem exercer um importante papel preventivo com o manejo desses sintomas.

Essas crianças também apresentam uma incidência maior de transtornos comportamentais associados no decorrer dos anos, principalmente para o transtorno de déficit de atenção/hiperatividade, transtornos do humor e transtornos ansiosos.

O grau de agressividade, uso de drogas e presença de família disfuncional, hostil, violenta ou negligente são alguns dos fatores de pior prognóstico ao portador do transtorno desafiador opositivo.

Aproximadamente 10% das crianças com transtorno desafiador opositivo, após evoluírem para o transtorno de conduta, terão uma evolução para o transtorno de personalidade antissocial, também chamado de sociopatia, outra condição comportamental gravíssima e que será abordada em detalhes nos capítulos seguintes.

Dessa forma, o prognóstico do transtorno desafiador opositivo é variável e dependerá de uma série de fatores, havendo melhor prognóstico para aqueles em que os sintomas são menos severos, quando existe um ambiente familiar estável e positivo, quando não existe história de sociopatia entre os pais e cuidadores, quando os níveis socioeducacional e econômico são mais favoráveis o coeficiente de inteligência da criança é normal e existem poucos sintomas de outros transtornos comportamentais, como o transtorno de déficit de atenção/hiperatividade.

O REIZINHO DA CASA

Para aqueles estudantes submetidos a intervenções precoces, isto é, quando o início do tratamento ocorre logo após o aparecimento dos sintomas, o prognóstico é mais favorável e os resultados terapêuticos são melhores.

CAPÍTULO 2

QUAIS SÃO AS CAUSAS?

As causas do transtorno desafiador opositivo são complexas e multifatoriais. Os estudos científicos evidenciam que múltiplos fatores de risco estão relacionados com o surgimento do transtorno. Esses fatores são eventos, características ou processos que aumentam as chances do desencadeamento do problema comportamental, e seu desenvolvimento está provavelmente relacionado com a quantidade de fatores de risco presentes na criança. Todos esses possíveis fatores estão relacionados com questões sociais, psicológicas e biológicas, sendo suas interações responsáveis pelo surgimento, desenvolvimento e curso clínico da condição.

O entendimento das causas do transtorno é imprescindível para a aplicação de intervenções precoces, pois conforme os fatores de risco são mais e mais agregados diminuem-se as chances de sucesso terapêutico.

Fatores biológicos

As pesquisas médicas não são conclusivas com relação à origem genética do transtorno desafiador opositivo, entretanto diversos artigos descrevem a possível relação genética familiar em seu desencadeamento, assim como reforçam a ideia de que o temperamento da criança modula o surgimento do transtorno no futuro.

Estudos identificaram que mulheres que fumam durante a gravidez, assim como gestantes abusadoras de álcool, apresentam maiores chances de gerar filhos com o diagnóstico de transtorno desafiador opositivo. Outros dados apontam que crianças prematuras, com baixo peso no nascimento, complicações de gestação ou no momento do parto, além de crianças com doenças crônicas, apresentam mais chances de desenvolver a alteração comportamental.

Alguns fatores biológicos relacionados com características da própria criança, como temperamento, negativismo, baixa capacidade de adaptação a mudanças, déficits neuropsicológicos, dificuldades de linguagem, memória, planejamento, organização, disciplina, atenção e julgamento, também influenciariam no desenvolvimento do transtorno. Dificuldades acadêmicas, transtornos de aprendizagem, déficit intelectual, transtorno de déficit de atenção/hiperatividade, transtornos do humor, lesões neurológicas, todas essas características estariam ligadas ao surgimento do transtorno desafiador opositivo.

QUAIS SÃO AS CAUSAS?

Outros estudos descrevem alterações estruturais no córtex pré-frontal, região cerebral responsável pelo controle das emoções e da impulsividade, alterações no funcionamento de substâncias neurotransmissoras dos sistemas serotoninérgicos, dopaminérgicos e noradrenérgicos, baixa de cortisol e níveis elevados de testosterona, entretanto esses dados também não são conclusivos.

É importante ressaltar que não existem exames laboratoriais ou de imagem, como tomografia computadorizada e ressonância nuclear magnética, capazes de realizar o diagnóstico, sendo este efetuado através de uma avaliação clínica criteriosa envolvendo a criança, a família e a escola.

Fatores psicológicos

Hipóteses comportamentais descrevem que o surgimento do transtorno desafiador opositivo estaria relacionado com questões ligadas ao aprendizado social e a modelos de apego, isto é, crianças agressivas, por exemplo, apresentam uma dificuldade no processamento de informações ligadas ao relacionamento social. Assim, têm dificuldades para lidar com frustrações do dia a dia, não conseguem criar soluções ou estratégias para lidar com os problemas e culpabilizam as outras pessoas por seu mau comportamento.

Muitas vezes observo lares opressores e com normas demasiadamente rígidas. Nesse caso, a criança convive diariamente com a violência, hostilidade e as brigas dos pais.

O REIZINHO DA CASA

Essa criança pode assumir o comportamento dos pais como "normal" e levar essa conduta aprendida para o ambiente escolar. Ora, dentro de casa ela aprende que tudo deve ser resolvido com "violência, no grito e na agressividade", e assim tentará resolver seus problemas da mesma forma.

Outro padrão interessante pode ser observado em crianças que vivem em lares onde os pais não dão limite aos filhos; esse outro perfil comportamental sugere que a oposição seria um comportamento aprendido e reforçado, no qual a criança exerce controle sobre as figuras de autoridade. Por exemplo, a mãe solicita ao filho que arrume seu quarto. Nesse momento o filho tem um ataque de raiva, chorando, gritando e negando-se a arrumá-lo. A mãe é coagida a retirar a solicitação, e nesse momento está ensinando esse comportamento ao filho. Toda vez que ela fizer uma nova solicitação que o desagrade, este realizará o comportamento aprendido, que será sempre reforçado toda vez que a mãe se desautorizar. Desta forma, a consequência é um efeito "bola de neve", e a tendência natural é o agravamento e a piora dos sintomas a cada dia.

Fatores sociais

Não existem padrões sociais definidos, contudo algumas pesquisas científicas identificaram uma relação entre famílias com baixos níveis socioeconômicos e o transtorno desafiador opositivo. Comportamento agressivo precoce e

QUAIS SÃO AS CAUSAS?

rejeição no grupo de amigos da escola, por exemplo, são fatores sociais importantes que normalmente precedem um comportamento delinquencial e aumentam as chances de a criança apresentar o diagnóstico.

Questões sociais como violência doméstica, falta de estrutura familiar, moradia em áreas de grande criminalidade e ambientes familiares em que regras e limites sejam pouco claros podem contribuir para o desencadeamento dessa condição comportamental. Dessa maneira, a convivência de filhos com pais ausentes, negligentes, agressivos, violentos, abusadores, usuários de álcool ou outras drogas, em lares onde a falta de envolvimento parental na criação dos filhos, a falta de afeto e de suporte emocional, a ausência de diálogo e a prática inconsistente de disciplina estejam presentes, pode favorecer o surgimento do transtorno desafiador opositivo.

Fatores escolares também são descritos como facilitadores do transtorno. Ambientes escolares inadequados, com salas de aula superlotadas, professores despreparados, negligentes e com dificuldade para aplicar disciplina e lidar com alunos que apresentam problemas comportamentais podem favorecer o surgimento do transtorno.

CAPÍTULO 3

TRANSTORNOS ASSOCIADOS

Crianças com transtorno desafiador opositivo podem apresentar algumas condições comportamentais associadas, como transtorno de déficit de atenção/hiperatividade. Essa associação é muito comum, estando presente em até 14% dos casos. Essas crianças apresentam maior agressividade, maior impulsividade, mais conflitos com outros estudantes, maior dificuldade nos relacionamentos sociais e pior desempenho acadêmico. Essa associação piora o prognóstico de tratamento e pode ainda facilitar a evolução do transtorno desafiador opositivo para o transtorno de conduta.

Outros problemas comportamentais associados ao transtorno desafiador opositivo são os transtornos ansiosos, depressão, transtorno bipolar do humor e a prática de bullying no ambiente escolar.

A seguir descrevo as principais características dessas condições comportamentais comumente associadas ao transtorno desafiador opositivo.

Transtorno de déficit de atenção/hiperatividade

Comportamentos característicos de crianças e adolescentes com transtorno de déficit de atenção/hiperatividade (TDAH) incluem dificuldade em focar a atenção em um único objeto. Eles são facilmente distraídos, parecendo não escutar quando alguém lhes dirige a palavra, e agem como se estivessem no "mundo da lua". Podem não terminar seus deveres de casa, apresentando grande dificuldade em se organizar, e frequentemente perdem seus materiais escolares, chaves, dinheiro ou brinquedos.

A criança pode se apresentar inquieta, não conseguindo permanecer sentada, abandonando sua cadeira em sala de aula ou durante o almoço de família. Está sempre a mil por hora ou como se estivesse "ligada em uma tomada de 220V", fala em demasia e dificilmente brinca em silêncio, está sempre gritando. Os pacientes com esse diagnóstico apresentam prejuízos no desempenho acadêmico e social, pois têm dificuldade em se organizar, manter atenção em sala de aula, realizar deveres escolares ou permanecer sentados ou quietos.

Adolescentes com o diagnóstico de TDAH experimentam drogas mais precocemente, usam-nas em maior quantidade, tornam-se mais dependentes e demoram mais tempo

TRANSTORNOS ASSOCIADOS

para buscar tratamento. Esses fatos estariam relacionados com uma tendência maior de automedicação realizada na busca por alívio dos sintomas de inquietação motora, hiperatividade e agitação que o TDAH promove. Há também uma menor percepção do abuso, maior dificuldade de cessação do uso e menor senso crítico na escolha do grupo por esses jovens.

Transtorno de ansiedade generalizada

O transtorno de ansiedade generalizada é caracterizado por grande e excessiva preocupação, muita ansiedade e intensa dificuldade para controlá-la. Essas preocupações causam dificuldade no funcionamento social, acadêmico e ocupacional dessas crianças e adolescentes. O transtorno está relacionado com sentimentos de apreensão e dúvida, cansaço, fadiga, tensão muscular, distúrbios do sono, dificuldade de concentração e irritabilidade.

Crianças com transtorno de ansiedade generalizada apresentam grande preocupação diante de eventos futuros, grande ansiedade relacionada com sua aceitação pelo grupo escolar, por amigos e colegas do condomínio ou do clube, por exemplo.

Essas crianças encontram-se frequentemente preocupadas com múltiplos assuntos, como se o mundo fosse repleto de perigos e problemas, superestimam situações problemáticas, são negativistas, pessimistas e parecem estar sempre aguardando por eventos catastróficos.

Depressão infantil

Crianças e adolescentes com depressão normalmente apresentam-se com os seguintes sintomas: tristeza, falta de motivação e humor deprimido, contudo é comumente observado um humor irritável ou instável. Esses jovens podem apresentar mudanças súbitas de comportamento com explosões de raiva ou envolver-se em brigas corporais no ambiente escolar ou durante a prática esportiva.

A criança pode apresentar dificuldade em se divertir, queixando-se de estar entediada ou "sem nada para fazer", e rejeitar o envolvimento com outras crianças, dando preferência a atividades solitárias.

A mudança comportamental de uma criança anteriormente bem socializada e entrosada com o grupo e que passa a isolar-se na sala de aula ou no recreio escolar pode ser um importante sinal de alerta a professores. A queda do desempenho acadêmico quase sempre acompanha o transtorno. Visto que crianças e adolescentes com depressão não conseguem concentrar-se em sala de aula, há perda do interesse pelas atividades, falta de motivação, apatia e lentificação do pensamento, e o resultado disso tudo é observado no boletim escolar.

Queixas físicas como cansaço, falta de energia, dores de cabeça ou dores de barriga são comuns. Insônia, preocupações, sentimentos de culpa, baixa autoestima, choro excessivo, hipoatividade, fala em ritmo lento e de forma monó-

Transtornos associados

tona e monossilábica também ocorrem em grande número de casos.

Pensamentos recorrentes de morte, ideias e planos de suicídio podem estar presentes em todas as idades, e os atos suicidas tendem a ocorrer com maior frequência entre essas crianças e adolescentes.

Normalmente os comportamentos de risco durante a adolescência são comuns, entretanto estes podem se acentuar durante episódios depressivos como a prática sexual promíscua sem proteção e o abuso de álcool e de outras drogas.

Transtorno bipolar do humor

O transtorno bipolar do humor na infância e na adolescência é uma condição grave que afeta consideravelmente a vida de crianças e adolescentes acometidos. Apresenta como característica principal a fase maníaca do transtorno, com alteração ou oscilação do humor, que pode se apresentar exaltado ou irritável, e essa mudança súbita de humor comumente produz ataques prolongados de raiva ou agressividade, chamados de tempestades comportamentais.

As tempestades comportamentais estão associadas com irritabilidade, ataques de fúria, impulsividade, dificuldade nos relacionamentos, brigas com colegas e familiares. Esse temperamento agressivo provoca piora dos sintomas opositivos e desafiadores que com frequência estão presentes.

Na escola é observada a piora no desempenho acadêmico, acompanhada de grande dificuldade de concentração, hiperatividade, agressividade, labilidade afetiva, autoestima aumentada, hipersexualidade, piadas e diálogos de caráter sexual ou desejos de realização do ato ocorrendo com grande inadequação na maneira de agir e pensar. Alguns pacientes relatam que não conseguem fazer nada graças a pensamentos que não param de "correr em sua mente".

Há conflito de ideias, insônia, envolvimento excessivo em atividades prazerosas que apresentam potencial elevado de consequências negativas, afeto inapropriado, excitabilidade, fala acelerada e agitação psicomotora. Pensamentos mágicos com ideias de grandeza, riqueza e poder também podem estar presentes.

Outra característica importante do transtorno bipolar do humor na infância e adolescência são as fases ou períodos de depressão, durante os quais a criança apresentará os sintomas clássicos da depressão infantil, como tristeza, falta de motivação, choro fácil, baixa autoestima e pensamentos recorrentes de morte.

Bullying

Trata-se de um termo do inglês ainda sem tradução para o português e que significa o comportamento agressivo entre estudantes. São atos de agressão física, verbal ou moral que ocorrem de modo repetitivo, sem motivação evidente, e são executados por um ou vários estudantes contra outro, em

TRANSTORNOS ASSOCIADOS

uma relação desigual de poder, normalmente dentro da escola, sobretudo na sala de aula e no recreio.

O bullying está relacionado com comportamentos agressivos e hostis de alunos que se julgam superiores aos outros colegas, acreditam na impunidade de seus atos dentro da escola e muitas vezes pertencem a famílias desestruturadas, convivendo com pais opressores, agressivos e violentos.

Os alvos de bullying normalmente são jovens tímidos, quietos, inseguros, retraídos, com pouca habilidade social, poucas amizades, crianças facilmente intimidadas e incapazes de reagir aos atos de agressividade. Com frequência, são fisicamente fracas e menores que os agressores, além de mais jovens, e assim têm dificuldade para se defender das agressões.

CAPÍTULO 4

TRATAMENTO

O conhecimento dos sintomas, características e evolução natural do transtorno desafiador opositivo evidencia a possível progressão dos sintomas para o transtorno de conduta quando nenhuma intervenção é realizada. O possível envolvimento prematuro e evidentemente problemático com álcool e outras drogas e a chance de evolução para um transtorno de personalidade antissocial na idade adulta nos fazem acreditar que quanto mais tardio é feito o diagnóstico e o início do tratamento, piores serão os sintomas e mais difícil será reverter o quadro comportamental.

Desta maneira, a prevenção e a intervenção precoce são palavras-chave para o sucesso terapêutico dessas alterações comportamentais. Seria como se tivéssemos a possibilidade de interromper o crescimento dessa verdadeira "bola de neve" em formação, ou, ainda, como se pudéssemos botar

O REIZINHO DA CASA

a "locomotiva de volta aos trilhos" o mais rápido e precocemente possível.

As intervenções preventivas para crianças em idade escolar se baseiam em programas psicoeducacionais para pais com estratégias de controle comportamental, treinamento em habilidades sociais, resoluções de conflitos e técnicas de controle da raiva. Para prevenção em adolescentes, os programas psicoeducacionais devem se basear em intervenções cognitivas, treinamento em habilidades sociais, orientação vocacional e reforço escolar para aqueles que estiverem apresentando dificuldades acadêmicas.

Intervenções escolares devem focar no trabalho de prevenção ao bullying, na prevenção ao consumo de álcool e de outras drogas, na identificação de possíveis quadros de transtorno desafiador opositivo para avaliação e no tratamento com médico psiquiatra especialista em infância e adolescência.

Desta forma, uma estratégia importante para a prevenção do transtorno desafiador opositivo se baseia na aplicação de programas psicoeducacionais aos pais e a programas educacionais escolares, num trabalho conjunto com professores, psicopedagogos, orientadores e coordenadores educacionais.

O tratamento preconizado pelos principais *guidelines* internacionais e recomendado pela Academia Americana de Psiquiatria da Infância e Adolescência (American Academy of Child and Adolescent Psychiatry) engloba um esquema interdisciplinar, envolvendo múltiplas áreas da vida de relação da criança, diferentes ambientes, incluindo a escola e sua família através de intervenções psicoterapêuticas, associado a medicação e medidas socioeducativas de orientação aos pais e professores, com duração de tratamento variável, dependendo de cada caso.

A seguir são enumeradas as estratégias terapêuticas mais utilizadas no tratamento do transtorno desafiador opositivo:

Tratamento medicamentoso

Diversos estudos científicos comprovam a eficácia de alguns medicamentos para tratamento do transtorno desafiador opositivo. Tais medicamentos apresentam resultados promissores no manejo dos sintomas e são capazes de diminuir a impulsividade, agressividade, nervosismo e ataques de raiva que frequentemente acompanham essa condição comportamental.

É muito importante ressaltar que tais medicamentos não são curativos; na verdade, eles aliviam alguns sintomas do transtorno, melhorando a adequação comportamental, elevando a autoestima, dando qualidade de vida à criança, à sua família, aos amigos, professores e a todas as pessoas que interagem com ela. Essa melhoria favorece o trabalho dos demais profissionais envolvidos com o tratamento e produz uma melhor eficácia terapêutica, levando a um melhor prognóstico.

Graças à alta prevalência de condições comportamentais associadas ao transtorno desafiador opositivo, deve ser realizada uma avaliação médica criteriosa e esses transtornos devem ser concomitantemente tratados, se encontrados.

A seguir descrevo as principais classes de medicamentos utilizadas para tratamento do transtorno desafiador opositivo:

Antipsicóticos ou neurolépticos

São medicamentos utilizados para tratamento de quadros de agressividade, impulsividade e explosões de raiva frequentemente presentes no transtorno desafiador opositivo. Os mais usados são denominados de antipsicóticos atípicos, medicamentos modernos, seguros e com perfil reduzido de efeitos colaterais, sendo os principais a risperidona, a quetiapina e o aripiprazol.

Estabilizadores do humor

São utilizados para controle de comportamentos agressivos, violentos, para diminuição da impulsividade e nos casos associados ao transtorno bipolar do humor. Os mais utilizados são o carbonato de lítio, o divalproato de sódio, a carbamazepina, a oxcarbazepina, a lamotrigina e o topiramato.

Psicoestimulantes

São fármacos utilizados para o tratamento do transtorno do déficit de atenção/hiperatividade — quadro comportamental frequentemente associado ao transtorno desafiador opositivo —, como o metilfenidato e a lisdexanfetamina.

TRATAMENTO

Antidepressivos inibidores seletivos da recaptação de serotonina

São medicamentos muito seguros, eficientes e bem-tolerados, sendo utilizados para tratamento de episódios depressivos ou quadros ansiosos associados ao transtorno desafiador opositivo. Os principais fármacos são a fluoxetina, a sertralina, a paroxetina, o citalopram, o escitalopram e a venlafaxina.

Tratamento psicossocial

O tratamento psicossocial envolve uma série de estratégias que objetivam a melhoria das relações sociais da criança com seus pais, familiares, professores, orientadores pedagógicos, funcionários da escola e amigos. As principais técnicas são descritas a seguir:

Psicoterapia cognitivo-comportamental

Trata-se das principais ferramentas psicoterapêuticas utilizadas no tratamento do transtorno desafiador opositivo. Essas técnicas visam a diminuir o negativismo observado nesses pacientes e a modificar deficiências cognitivas, como: habilidades de comunicação, controle do impulso, controle da raiva e agressividade, realizando também um treinamento em habilidades de resolução de problemas e treinamento em habilidades sociais objetivando a melhoria da flexibilidade e o aumento do limiar de tolerância à frustração.

O treinamento do controle da raiva irá ajudar no desenvolvimento de estratégias e métodos pela criança para lidar com comportamentos e reações a sentimentos ligados à raiva e ao controle da impulsividade. Métodos comportamentais como o de "economia de fichas" pode auxiliar na organização de rotinas e criação de limites essenciais para a melhoria, adaptação e adequação social dessas crianças.

Terapia familiar

Estruturas familiares disfuncionais estão intimamente relacionadas com o desenvolvimento e a manutenção do transtorno desafiador opositivo, portanto intervenções familiares são quase obrigatórias nesses casos.

O objetivo dessa terapia é auxiliar a família para melhorar o estilo de interação e de funcionamento social, podendo promover a modificação do sistema familiar, que frequentemente alimenta os sintomas opositivos na criança. Para tanto, técnicas comportamentais, estruturais e de comunicação podem ser apresentadas e estimuladas. O foco é o funcionamento do sistema familiar e o comportamento da criança no contexto de múltiplos ambientes, como família, escola e grupo de amigos. O desenvolvimento de habilidades para resolução de conflitos entre membros da família e aplicação de soluções práticas para conflitos do dia a dia são enfatizados.

A criação dessa relação familiar positiva facilita o diálogo, tornando mais fácil o manejo de comportamentos inapropriados, e pode ajudar a criança a controlar suas próprias emoções.

Psicoeducação familiar

A psicoeducação familiar consiste no trabalho de informação e orientação aos pais e familiares da criança sobre o diagnóstico, sintomas, etapas do tratamento, curso e prognóstico. O debate sobre estratégias de como lidar com o jovem no ambiente doméstico para promover o tratamento é enfatizado.

Treinamento de pais

Baseia-se na aplicação de técnicas de treinamento e orientação de pais com o objetivo de favorecer a interação e a relação entre pais e filhos, promovendo comportamentos positivos da criança e diminuindo os sintomas do transtorno desafiador opositivo. O aconselhamento e o treinamento de pais acerca do manejo dos sintomas de desafio e oposição em casa são de extrema importância para o sucesso do tratamento, e essa orientação irá ajudar no entendimento dos pais sobre o funcionamento comportamental da criança, auxiliando na modificação de suas posturas perante ela, agindo como um mecanismo para "ensiná-los" a desencorajar e corrigir comportamentos desafiadores e problemáticos do filho e encorajar comportamentos adequados e assertivos.

Psicoeducação escolar

O trabalho de informação e orientação aos professores, diretores, orientadores pedagógicos e funcionários da escola será essencial no manejo dos sintomas no ambiente escolar objetivando o sucesso do tratamento. Esse trabalho pode ser feito através de programas pedagógicos direcionados aos profissionais da educação e a todos os funcionários da instituição de ensino que tenham contato com a criança.

Intervenções escolares

As intervenções escolares são muito importantes no tratamento. Na escola, professores e funcionários podem encontrar mecanismos mais adequados para reintegrar o aluno em sala de aula e no recreio. Técnicas comportamentais podem ser aprendidas para que a promoção e o estímulo de comportamentos aceitáveis do aluno sejam introduzidos e atitudes de desrespeito e agressão sejam desencorajadas.

Problemas de relacionamento entre estudantes em sala de aula e prejuízos acadêmicos estão relacionados com aumento de agressividade e de comportamentos de conduta, portanto essas estratégias comportamentais, associadas ao treinamento em habilidades sociais e aulas de reforço escolar, podem ajudar muito para um bom prognóstico desses alunos.

CAPÍTULO 5

TRANSTORNO DE CONDUTA

— **C**alem a boca, vocês dois!

Esta foi a frase mais ouvida durante aquele atendimento. Tive que solicitar a saída do jovem de 14 anos da sala do consultório para dar continuidade à entrevista com seus pais, que pareciam desconsolados e não sabiam mais o que fazer com o filho.

As dificuldades com Tito tiveram início com os sintomas de oposição e desafio aos 6 anos. O quadro foi evoluindo com o avanço da idade. Desinteresse pelos estudos, desafio às regras, discussões com adultos, agressividade e suspensões por mau comportamento eram frequentes na vida do jovem, e sempre culminavam com a expulsão dos colégios em que estudava.

Os atos de vandalismo, como pichação de muros da vizinhança e pequenos furtos, também estavam presentes, sempre acompanhados por uma turma de amigos. Na semana anterior, Tito agredira a mãe com um violento tapa no rosto, após discussão motivada pelo afogamento intencional do cachorro da família na piscina de casa, morto pelo adolescente.

Esse caso exemplifica a evolução de um quadro comportamental iniciado pelo menos oito anos antes dessa situação atual. Estou falando do transtorno de conduta, uma condição comportamental muito grave e considerada um quadro evolutivo do transtorno desafiador opositivo.

Esse transtorno é um conjunto de alterações comportamentais apresentadas por algumas crianças e adolescentes, marcado por conduta agressiva, desafiadora, antissocial, em que os direitos básicos alheios, regras e normas sociais são violados. Trata-se de um quadro mais grave quando comparado ao transtorno desafiador opositivo, sendo responsável por frequente encaminhamento aos serviços de saúde mental da infância e adolescência.

Mais predominante no sexo masculino, acredita-se que aproximadamente 9% dos meninos e 4% das meninas com menos de 18 anos tenham o transtorno. Os meninos apresentam os sintomas mais precocemente, entre os 10 e 12 anos de idade, e as meninas normalmente entre os 12 e 16 anos. Os sintomas do transtorno de conduta são mais frequentes nos adolescentes de sexo masculino, sendo a agressão física contra colegas e os problemas de relacionamento as características iniciais do transtorno.

Observamos diariamente nos noticiários policiais exemplos clássicos de comportamento delinquencial, jovens que depredam e destroem patrimônio público, picham muros,

TRANSTORNO DE CONDUTA

furtam carros e se envolvem em brigas em bares, boates e eventos sociais, ou ainda jovens de classe média que furtam residências e entram para o tráfico de drogas. Muitos desses jovens apresentam o transtorno de conduta.

A violação de regras é o componente marcante desse transtorno. Jovens com esse problema apresentam comportamento antissocial, com agressão física e comportamento cruel com outras pessoas e animais.

Não demonstram sentimento de culpa ou remorso pelos seus atos, são negativistas, desafiadores, hostis e podem realizar atos de vandalismo, roubos e destruição de patrimônio alheio. Furtos frequentes em lojas de departamentos ou de objetos pessoais de colegas em sala de aula, além de violência e intimidações contra outros estudantes, podem ser observados em quadros iniciais do transtorno de conduta.

Com frequência apresentam dificuldades em interações sociais e possuem poucos amigos, e os sintomas de baixa autoestima, baixa tolerância à frustração, irritabilidade e explosões de raiva normalmente estão presentes. Todos esses fatores culminam em comportamentos delinquenciais, provocações de brigas corporais em ambiente escolar ou na rua, inclusive com a utilização de armas como faca, bastão ou arma de fogo.

Descrevo a seguir os critérios diagnósticos segundo o Manual Diagnóstico Estatístico dos Transtornos Mentais da Associação Americana de Psiquiatria (American Psychiatry Association) para o transtorno de conduta:

A. Um padrão repetitivo e persistente de comportamento, no qual são violados os direitos básicos dos outros ou normas ou regras sociais importantes apropriadas à idade, manifestado pela presença de três (ou mais) dos seguintes critérios nos últimos 12 meses, com pelo menos um critério presente nos últimos seis meses:

(1) frequentemente provoca, ameaça ou intimida outros

(2) frequentemente inicia lutas corporais

(3) utilizou uma arma capaz de causar sério dano físico a outros (por exemplo, bastão, tijolo, garrafa quebrada, faca, arma de fogo)

(4) foi fisicamente cruel com pessoas

(5) foi fisicamente cruel com animais

(6) roubou com confronto com a vítima (por exemplo, bater carteira, arrancar bolsa, extorsão, assalto à mão armada)

(7) forçou alguém a ter atividade sexual consigo

(8) envolveu-se deliberadamente na provocação de incêndio com a intenção de causar sérios danos

(9) destruiu deliberadamente propriedade alheia

(10) arrombou residência, prédio ou automóvel alheios

(11) mente com frequência para obter bens ou favores ou para evitar obrigações legais

(12) roubou objetos de valor sem confronto com a vítima (por exemplo, furto em lojas, mas sem arrombar e invadir; falsificação)

TRANSTORNO DE CONDUTA

(13) frequentemente permanece na rua à noite, apesar de proibições dos pais, iniciando essa prática antes dos 13 anos de idade

(14) fugiu de casa à noite pelo menos duas vezes enquanto vivia na casa dos pais ou lar adotivo (ou uma vez, sem retornar por um extenso período)

(15) frequentemente gazeteia a escola, iniciando essa prática antes dos 13 anos de idade

B. A perturbação no comportamento causa prejuízo clinicamente significativo no funcionamento social, acadêmico ou ocupacional.

C. Se o indivíduo tem 18 anos ou mais, não são satisfeitos os critérios para o transtorno da personalidade antissocial.

Especificar tipo com base na idade de início:

Tipo com início na infância: Início de pelo menos um critério característico de transtorno de conduta antes dos 10 anos de idade.

Tipo com início na adolescência: ausência de quaisquer critérios característicos de transtorno de conduta antes dos 10 anos de idade.

Especificar gravidade:

Leve: poucos problemas de conduta, se existem, além daqueles exigidos para fazer o diagnóstico, e problemas que causam apenas um dano pequeno a outros.

Moderado: número de problemas de conduta e o efeito sobre outros são intermediários, entre "leve" e "severo".

Severo: muitos problemas de conduta além daqueles exigidos para fazer o diagnóstico ou problemas de conduta que causam dano considerável a outros.

Na escola

Na escola, o desempenho está comprometido na maioria das vezes, pois ele não participa das aulas, não realiza trabalhos ou deveres escolares. Entre esses alunos são grandes as incidências de abandono e reprovações.

Pode ser observada uma postura agressiva contra outros estudantes. Intimidações, ameaças e agressões físicas, verbais e morais ocorrem com frequência, sendo caracteristicamente autores de bullying no ambiente escolar. Agressão contra professores e funcionários da escola também são comuns.

Mentiras, fugas, destruição de carteiras, roubo e furto de objetos pessoais de colegas de sala de aula, uso de álcool e de outras drogas e formação de verdadeiras gangues de jovens também podem ocorrer na escola que frequentam.

Transtorno de conduta na escola

- ❑ Mentiras.
- ❑ Brigas corporais.
- ❑ "Matar aula".
- ❑ Destruição de carteiras.
- ❑ Roubo de material escolar.

TRANSTORNO DE CONDUTA

- ❏ Agressividade e ameaças contra professores e alunos.
- ❏ Hostilidade com colegas de turma.
- ❏ Consumo de álcool e de outras drogas.
- ❏ Desempenho escolar fraco.
- ❏ Isolamento social.
- ❏ Praticante de bullying.

Assim como no transtorno desafiador opositivo, não existe uma causa específica para o transtorno de conduta e acredita-se que vulnerabilidades genéticas estariam associadas a fatores ambientais ou estressores sociais que funcionariam como desencadeadores do transtorno.

Esses estressores sociais frequentemente envolvidos no desencadeamento do transtorno de conduta estão ligados a ambientes familiares caóticos, com a presença de violência doméstica representada por pais agressivos, negligentes e ausentes. Esses fatos colaboram para a criação de um modelo comportamental nos filhos, que passam a apresentar comportamento semelhante no ambiente escolar e em situações sociais de modo geral.

Famílias instáveis com brigas conjugais, pais abusadores de álcool ou de outras drogas e abuso físico ou sexual na infância também podem contribuir para o desenvolvimento do transtorno de conduta. Esse transtorno também se apresenta mais comumente nas classes socioeconômicas menos favorecidas, onde a violência pode estar mais presente.

Outros transtornos comportamentais na infância e na adolescência apresentam-se frequentemente associados ao trans-

O REIZINHO DA CASA

torno de conduta, sendo os mais comuns os transtornos do humor, transtornos ansiosos, transtornos por uso de drogas e o transtorno de déficit de atenção/hiperatividade, a principal condição associada estando presente em até 70% dos casos.

Alguns fatores são considerados de mau prognóstico ao transtorno de conduta, como início precoce dos sintomas, baixo nível intelectual e econômico, falta de apoio familiar, envolvimento judicial precoce, grande agressividade, uso de álcool, drogas e a associação com outros transtornos comportamentais.

O transtorno de conduta está relacionado com maior risco de criminalidade na idade adulta, uso abusivo de drogas, menos anos de educação, índices mais elevados de desemprego e prejuízos nos relacionamentos sociais.

O curso desse transtorno é variável, podendo regredir ou continuar na idade adulta. Nos casos em que há continuação dos sintomas, a evolução para a dependência química de drogas e para o transtorno de personalidade antissocial pode ocorrer com frequência. Alguns estudos referem que cerca de 40% dos adolescentes com transtorno de conduta evoluem para o transtorno de personalidade antissocial na idade adulta.

Quanto mais precocemente o adolescente é diagnosticado e devidamente tratado, maiores serão as chances de ser reintroduzido e readaptado ao convívio em sociedade.

Nos casos graves de transtorno de conduta a possibilidade de sanções legais através do Juizado da Infância e da Adolescência e do Conselho Tutelar pode contribuir para o desencorajamento de comportamentos de má conduta na adolescência.

CAPÍTULO 6

TRANSTORNO DE PERSONALIDADE ANTISSOCIAL

O termo "personalidade" é definido como a somatória de traços emocionais e comportamentais que caracterizam a pessoa em sua vida cotidiana. O transtorno de personalidade é uma variação desses traços de caráter, destoando de maneira geral do comportamento da maioria das pessoas. Essa alteração dos traços da personalidade causa uma mudança no funcionamento social da pessoa, o que leva a um padrão estranho, inflexível e mal-ajustado de relacionamento.

O transtorno de personalidade antissocial, também conhecido como sociopatia ou psicopatia, se refere às pessoas adultas que praticam atos ilícitos, criminosos, e que apresentam uma incapacidade de respeitar normas e regras sociais. Muito importante salientar que o sociopata ou psicopata não possui deficiência intelectual; pelo contrário, é muito inteligente e utiliza dessa capacidade intelectual, muitas vezes acima da média, para ludibriar e enganar outras pessoas. Também não apresenta alucinações ou delírios, característicos dos portadores de esquizofrenia.

O transtorno de personalidade antissocial está presente em até 3% dos homens e 1% das mulheres, sendo mais prevalente em áreas urbanas pobres. Alguns estudos descrevem que pessoas com o transtorno de personalidade antissocial podem representar até 75% da população carcerária.

Estudos científicos identificam uma questão biológica importante ao descrever que o transtorno da personalidade antissocial é mais comum entre membros da mesma família, principalmente ao encontrar maior concordância entre parentes de primeiro grau de indivíduos com o transtorno do que na população geral.

Outros estudos constatam que o ambiente doméstico também influencia no aumento do risco de desenvolvimento dessa alteração de personalidade. Assim como no transtorno desafiador opositivo e no transtorno de conduta, lares hostis, agressivos e violentos estão mais relacionados com o desenvolvimento do transtorno de personalidade antissocial. Aliás, a presença dessas condições comportamentais na infância e na adolescência é considerada fator de risco para a personalidade antissocial, sendo o transtorno de conduta um preditor importante, visto que pode evoluir para esse transtorno de personalidade em mais de um terço dos casos, enquanto que o transtorno desafiador opositivo está diretamente relacionado com o transtorno de personalidade antissocial em até 10% dos casos.

TRANSTORNO DE PERSONALIDADE ANTISSOCIAL

Esses pacientes podem apresentar um comportamento agradável, sedutor e cativante, mas que esconde uma personalidade manipuladora, adversa e egoísta. São muito inteligentes e possuem alto poder de convencimento, sendo capazes de atrair suas vítimas para esquemas fraudulentos ou atos criminosos graves, enganando e ludibriando para tirar proveito próprio. Grandes vigaristas, golpistas, estelionatários e falsários ilustram bem esse perfil psicológico. Essas pessoas são consideradas "frias", calculistas, e apresentam uma ausência completa de remorso por seus atos. Mentiras, irritabilidade, agressividade e brigas corporais são outras características observadas no transtorno de personalidade antissocial.

Seus relacionamentos amorosos são superficiais, egoístas, e o abandono de seus pares ocorre frequentemente. Quando possui filhos, o sociopata pode demonstrar uma postura autoritária, negligente, irresponsável e inconsequente.

A seguir, descrevo os critérios diagnósticos segundo o Manual Diagnóstico Estatístico dos Transtornos Mentais da Associação Americana de Psiquiatria (American Psychiatry Association) para o transtorno de personalidade antissocial:

A. Um padrão invasivo de desrespeito e violação dos direitos dos outros, que ocorre desde os 15 anos, como indicado por pelo menos três dos seguintes critérios:

(1) fracasso em conformar-se às normas sociais com relação a comportamentos legais, indicado pela exe-

cução repetida de atos que constituem motivo de detenção

(2) propensão para enganar, indicada por mentir repetidamente, usar nomes falsos ou ludibriar os outros para obter vantagens pessoais ou prazer

(3) impulsividade ou fracasso em fazer planos para o futuro

(4) irritabilidade e agressividade, indicadas por repetidas lutas corporais ou agressões físicas

(5) desrespeito irresponsável pela segurança própria ou alheia

(6) irresponsabilidade consistente, indicada por um repetido fracasso em manter um comportamento laboral consistente ou honrar obrigações financeiras

(7) ausência de remorso, indicada por indiferença ou racionalização por ter ferido, maltratado ou roubado outra pessoa

B. O indivíduo tem no mínimo 18 anos de idade.

C. Existem evidências de transtorno de conduta com início antes dos 15 anos.

D. A ocorrência do comportamento antissocial não se dá exclusivamente durante o curso de esquizofrenia ou episódio maníaco.

O curso do diagnóstico é crônico, podendo ocorrer diminuição dos sintomas com o avanço da idade. Condições associadas, como uso abusivo de álcool e outras drogas, ocorrem com frequência, além de quadros depressivos.

TRANSTORNO DE PERSONALIDADE ANTISSOCIAL

O tratamento é muito difícil, visto que esses pacientes dificilmente buscam ou aceitam auxílio médico e psicológico, pois não conseguem identificar seu comportamento como problemático. Entretanto, poderiam se beneficiar de intervenções psicoterapêuticas e medicamentos para controle da agressividade, ansiedade ou depressão.

CAPÍTULO 7

SKINNER E AS TÉCNICAS COMPORTAMENTAIS

Natural do estado americano da Pensilvânia, B. F. Skinner foi um psicólogo influente, defensor de reformas sociais, pesquisador da Universidade de Harvard e considerado o criador do chamado behaviorismo radical.

Skinner realizou estudos importantes na área da análise do comportamento e descreveu o aprendizado como uma causa desse comportamento, considerando a possibilidade de modificá-lo à medida que aprendemos. Ele afirmava que essa aprendizagem do ser humano poderia ser realizada a partir de estratégias de recompensa e punição para a modificação do comportamento, denominado de condicionamento operante.

Skinner acreditava que o comportamento humano poderia ser modulado basicamente por essas estratégias, também chamadas de reforçadores positivos, isto é, as pessoas seriam capazes de aprender melhor através de recompensas ou premiações por seu comportamento. Defendia também que o

O REIZINHO DA CASA

ser humano, ao ser punido, seria capaz de aprender a evitar determinado comportamento, embora acreditasse que reforçadores positivos eram bem mais eficientes.

Seus pensamentos influenciaram consideravelmente a educação e a medicina do comportamento, e Skinner foi inclusive consultor do Departamento de Educação dos Estados Unidos.

As técnicas comportamentais abordadas neste capítulo são direta ou indiretamente relacionadas aos estudos realizados pelo professor Skinner e sua equipe entre as décadas de 1950 e 1990; repetidas, experimentadas e utilizadas até hoje com muito sucesso em todo o mundo. Estudos publicados nos Estados Unidos e em países da Europa mostram que há uma redução entre 50% e 90% dos problemas compor tamentais infantis relacionados com indisciplina, desafio e oposição às regras com a utilização desses métodos, sendo essas intervenções muito eficientes para auxiliar na melhoria do comportamento do seu "reizinho" ou "rainhazinha"

Essas estratégias são também baseadas no excelente trabalho do psicólogo cognitivo-comportamental americano Lynn Clark, professor emérito de psicologia na Western Kentucky University.

Premiação de comportamentos positivos

Uma primeira regra para estimular o bom comportamento da criança é premiar comportamentos positivos. Essa técnica parte do princípio de que todo comportamento estimulado, elogiado ou reforçado terá probabilidade aumentada de vir a se repetir no futuro.

Mas quais prêmios ou recompensas podem ser oferecidos às crianças e aos adolescentes? Bem, será muito importante que esse prêmio seja motivador, e a criança e o adolescente precisam se sentir atraídos por essa premiação, que poderá ser, por exemplo, um abraço, um beijo, um elogio, um carinho ou frases de incentivo ("parabéns"; "bom trabalho"; "continue assim").

Certos privilégios ou prêmios poderão ser oferecidos, como assistir à televisão por mais tempo, horário extra no computador, sair para comer uma pizza, ir ao cinema, ou mesmo um presente, como um brinquedo, jogos, um chocolate ou um DVD novo.

Partindo desse princípio comportamental de que todo comportamento estimulado tem suas chances aumentadas de se repetir no futuro, elogios do tipo "Parabéns, Isabela, você guardou sua mochila no armário!" aumentam as chances de Isabela guardar sua mochila no dia seguinte, por exemplo.

Desta forma, o objetivo será elogiar comportamentos positivos para que venham a se repetir e passem, no decorrer do tempo, a fazer parte da vida da criança, tornando-se um comportamento automático!

O grande problema é que muitas vezes pais acabam por "premiar" maus comportamentos e depois não entendem o porquê da repetição e perpetuação dessa conduta. Eis um exemplo: Camila, 7 anos, está assistindo à televisão e começa a chorar compulsivamente depois que dona Maria, sua mãe, diz que está na hora de ir para a cama; afinal, amanhã é dia de aula e a pequena Camila precisa acordar cedo. Como a filha não para de chorar, dona Maria diz:

— Não precisa chorar desse jeito, Camilinha, tudo bem... Você pode assistir mais trinta minutos de televisão, Ok?

Dessa maneira, dona Maria está acidentalmente premiando a choradeira da pequena Camila. Provavelmente, da próxima vez que desejar algo, a criança repetirá o chororô, comportamento anteriormente "premiado" com os trinta minutos extras de televisão, e o problema poderá se tornar cada vez pior com as sucessivas desautorizações de dona Maria.

Método de economia de fichas

Uma maneira interessante de aplicar esse conceito de premiação para estimular comportamentos positivos na criança é a aplicação da chamada "tabela de economia de fichas".

Trata-se de um método comportamental eficiente em que uma tabela contendo comportamentos-alvo a serem estimulados na criança é criada. Será muito importante que os itens da tabela sejam colocados de uma forma assertiva e positiva. Por exemplo: "Isabela, mantenha seu quarto arrumado!", em vez de "Isabela, não bagunce seu quarto".

Esses comportamentos são colocados em um calendário semanal, e cada item da tabela receberá uma nota no fim do

SKINNER E AS TÉCNICAS COMPORTAMENTAIS

dia: 1 ponto, caso o comportamento adequado tenha sido realizado corretamente, e 0 ponto, caso o comportamento não tenha sido realizado.

A pontuação pode ser realizada de diferentes formas. Por exemplo: desenho de um rosto feliz com caneta verde para comportamento positivo e rosto triste com caneta vermelha para o não cumprimento do combinado em cada item. A tabela contará com os sete dias da semana, e a criança que alcançar determinado número de pontos no fim da semana, após a somatória de todos os itens, poderá ser premiada ou não, conforme o combinado.

A tabela pode ser afixada na geladeira de casa, por exemplo, e a pontuação diária deve ser realizada pelos pais na presença da criança. Desta forma, os pais poderão mostrar à criança o motivo para o ganho de pontuação ou não de cada item. Essa tabela deverá ser trocada semanalmente. Itens poderão ser mantidos, trocados ou acrescentados no decorrer das semanas, conforme a necessidade. Vide exemplo de uma tabela de economia de fichas no Apêndice I.

Para esse reforçador positivo surtir efeito, a técnica deve ser realizada ininterruptamente por pelo menos 6 semanas. Além da possibilidade de premiação semanal, a criança que for premiada poderá receber uma ficha de plástico no fim dessa semana, que poderá ser guardada em um pote, por exemplo. Os pais podem combinar que, ao adquirir um determinado número de fichas, estas poderão ser trocadas por um outro prêmio escolhido entre opções do menu de recompensas criado pelos pais. Veja no Apêndice II um exemplo de menu de recompensas.

A técnica de economia de fichas é semelhante à conduta de professores que oferecem "pontos positivos" para os alunos que realizam um determinado trabalho ou se comportam adequadamente na sala de aula.

Um mito relacionado com a tabela de economia de fichas frequentemente me é indagado no consultório:

— Doutor, não posso fazer isso com o Marcelo, pois desta forma estarei comprando meu filho!

Bem, ao aplicar a tabela de economia de fichas, você estará ensinando ao seu filho conceitos importantes de relacionamento e de regras sociais. Nesse caso, Marcelo precisa saber que todo comportamento traz consequências e que, para ser "premiado", precisa colaborar com os pais. Da mesma forma que ao conseguir um trabalho quando adulto, o pequeno Marcelo precisará cumprir suas obrigações para receber no fim do mês o tão esperado "prêmio", seu salário. Para aqueles pais que consideram uma "compra" de comportamento, faço a seguinte proposta: aceitariam trabalhar de graça em uma empresa?

Erros na aplicação da tabela de economia de fichas

Alguns erros frequentes podem inviabilizar o sucesso da técnica. Eis os principais:

SKINNER E AS TÉCNICAS COMPORTAMENTAIS

- ❏ A criança manipula os pais e recebe pontos por comportamentos não cumpridos.
- ❏ A criança executa o comportamento desejado parcialmente e recebe o ponto ou a metade da pontuação.
- ❏ A criança não atinge a pontuação mínima para premiação, entretanto recebe a recompensa.
- ❏ Os pais não se organizam, não preenchem a tabela corretamente e não mostram à criança os motivos do não recebimento dos pontos.

Contratos pais-filho

Muitas vezes, quando lido com crianças opositivas e desafiadoras, costumo propor um acordo escrito entre os pais e a criança. O objetivo do contrato é auxiliar na resolução de um problema específico de comportamento através de sua documentação utilizando-se uma linguagem objetiva e simples. Inicialmente, os pais devem se sentar com a criança, conversar e identificar uma situação problemática. Essa questão é discutida, e a solução do problema é negociada entre ambas as partes. A partir daí, o contrato poderá ser escrito e assinado por todos.

Evite a escolha de problemas difíceis de mensurar. Por exemplo: "Felipe deve melhorar seu comportamento." O problema a ser resolvido deve ser específico, por exemplo: "Marcelo deve manter seu quarto arrumado, livros na estante, roupas e brinquedos guardados no armário"; ou "Rafael deve chegar das festas aos sábados até meia-noite"; ou, ainda: "Ângela deve realizar os deveres de casa diariamente às 15 horas."

Da mesma forma, o contrato deve exigir compromissos e deveres de ambas as partes. Nos exemplos acima, os pais poderiam ter os seguintes deveres respectivamente: os pais de Marcelo se comprometem a permitir que ele brinque no computador diariamente até as 19 horas; os pais de Rafael se comprometem a permitir que ele frequente as festas aos sábados à noite; os pais de Ângela permitem que ela brinque na casa de sua vizinha e escute MP3 após o horário de estudo.

O não cumprimento do contrato resultará em penalidades descritas nele. Após a assinatura do contrato, mantenha uma cópia com a criança e guarde outra em um local de fácil acesso a todos da casa, em um quadro de avisos ou afixado na geladeira, por exemplo.

Veja exemplo de um contrato pais-filho no Apêndice III.

Método de antecipação de problemas

Uma estratégia importante no manejo de comportamentos ligados à indisciplina pode ser a antecipação de mau comportamento. Uma vez que os pais já identificam problemas em situações específicas, eles podem determinar regras e alertar a criança ou adolescente sobre isso, antecipando e prevenindo futuras situações problemáticas.

Por exemplo: a mãe de Nicolau, 10 anos de idade, o leva a uma festinha de aniversário. Antes de chegar ao local do evento, ela poderá estabelecer regras de conduta com o pequeno Nicolau, um plano de comportamento que deverá ser compartilhado com a criança sobre como se comportar nesse ambiente, antecipando situações problemáticas ocorridas no passado. No caso, Nicolau havia brigado com um aniversariante em uma festa na semana anterior, após ter enfiado o dedo indicador no meio do bolo, além de não ter aceitado brincar com outros colegas durante a mesma festa.

Assim, a mãe de Nicolau relembrou as situações problemáticas ocorridas na última festa, orientou sobre o comportamento esperado do filho para esse novo evento e o alertou de que o não cumprimento desse plano resultará em consequências, como a utilização de técnicas punitivas, como castigo, perda de privilégios ou prêmios.

Portanto, pais que dialogam com seus filhos de forma clara e objetiva, orientando, explicando e estimulando comportamentos desejáveis, aumentam as chances de sucesso dessa técnica comportamental!

No caso de Nicolau, sua mãe o elogiou muito quando foram embora da festa, pois nesse dia seu comportamento foi exemplar.

Métodos de punição comportamental

Em algumas situações os pais podem e devem utilizar métodos de punição branda por mau comportamento. Claro que premiar o bom comportamento pode parecer mais in-

O REIZINHO DA CASA

teressante para muitos pais, entretanto a punição de mau comportamento será necessária e deverá ser utilizada em determinados casos.

Existem diversos tipos de punições, e em nenhum caso serão utilizadas punições físicas, condutas agressivas ou ameaças. Punições físicas apenas ensinam às crianças e aos jovens que todo problema pode ser resolvido com violência, e esse estilo de comportamento dos pais será ensinado aos filhos. Vale a pena lembrar que muitas crianças e adolescentes se mostram agressivos e violentos na escola porque aprenderam esse padrão de comportamento com os pais.

Basicamente, gostaria de descrever seis técnicas de punição que podem e devem ser utilizadas para a correção de comportamentos desobedientes, desafiadores e opositivos. Os estudos científicos demonstram que esses métodos são muito eficientes, principalmente se aplicados em conjunto, utilizando muito bom senso e seguindo os conselhos e dicas sugeridos no capítulo seguinte, o Guia dos Pais.

Broncas e desaprovação

Uma maneira interessante de aplicar disciplina será a utilização de punições brandas, como broncas e desaprovações, a comportamentos errados da criança. Muitos pais, ao tentar coibir indisciplinas dos filhos, caem em um grande erro· tornam-se irritados, agressivos e acabam gritando, ofenden do, ameaçando ou discutindo com a criança.

Skinner e as técnicas comportamentais

Seja calmo, breve, enfático e objetivo na orientação ao filho ou filha. Muitos pais que se propõem a dar uma bronca iniciam um verdadeiro sermão, transformando-se em verdadeiros pregadores, e passam a reclamar de diversas coisas, realizando julgamentos e declamando uma série de queixas que não têm nada a ver com o motivo da bronca, como no exemplo a seguir da pequena Flávia:

Flávia, 8 anos, brigou com a irmã mais nova, e a mãe lhe deu uma bronca:

— Você brigou com sua irmã, não pode... E olhe seu quarto, está uma bagunça: tem roupa para todos os cantos... Olhe seus brinquedos, todos quebrados, porque você é descuidada. Ah, e na hora do banho é sempre a mesma coisa, você não me obedece...

Esse tipo de bronca não se mostra eficaz, pois prejudica e dificulta o entendimento da criança, que no fim dessa história nem se lembra do motivo inicial da desaprovação.

Outra questão importante será enfatizar ao filho que você está desapontado ou chateado com o comportamento ou atitude dele e não exatamente com ele. Isso, na verdade, tem uma grande diferença, pois muitos pais costumam criticar o caráter ou a personalidade da criança, prejudicando imensamente sua autoestima. Também evite comparações entre irmãos ou com colegas da criança. Eis outro exemplo:

Em vez de dizer: "Hélcio, você não estudou para a prova, só tira nota baixa, o Fabiano é melhor que você... você só faz coisa errada", diga: "Hélcio, você precisa estudar mais para se dar bem na prova. Vamos lá, você consegue!"

Consequências naturais
por mau comportamento

Em determinadas situações os pais podem permitir que consequências naturais por indisciplina ou desrespeito às regras ocorram e assim mostrar à criança o resultado negativo de seu comportamento. Por exemplo: Isabel, 10 anos, briga com suas colegas durante o treino de futsal; provavelmente ela vai experimentar a rejeição delas no próximo encontro.

Fabiano, 9 anos, desmonta e quebra seu videogame intencionalmente; ele pode vivenciar a consequência natural de ficar sem o brinquedo, sem tê-lo substituído pelos pais. João, 15 anos, quebrou o aparelho celular ao arremessá-lo contra a parede, durante um momento de raiva e descontrole após uma briga com a namorada. Ele vivenciará a consequência natural de ficar sem um aparelho celular!

Portanto, pais, não premiem esses comportamentos negativos com outro videogame ao Fabiano ou com um novo aparelho celular ao João!

Consequências lógicas
por mau comportamento

Outra forma de punição ao mau comportamento será a aplicação de consequências lógicas por atitudes opositivas, desafiadoras e desobedientes. Por exemplo: Gustavo, 7 anos,

SKINNER E AS TÉCNICAS COMPORTAMENTAIS

andou de bicicleta na rua, desrespeitando a regra de pedalar apenas na calçada; consequência lógica: foi proibido de usar a bicicleta por uma semana. Renata, 6 anos, estava se recusando a escovar os dentes; foi proibida de comer balas e chocolate até que iniciasse o hábito de escovação diário. Eduardo, 9 anos, não aceita comer verduras e legumes; consequência lógica: enquanto não se alimentar corretamente, não tem direito a comer sobremesa.

Penalidades por mau comportamento

Determinadas atitudes da criança podem merecer penalidades específicas, mas que não tenham relação direta com o mau comportamento. Por exemplo, Rachel, 11 anos, xingou e bateu no irmão mais novo; penalidade: Rachel está proibida de assistir à televisão por um dia. Aline, 10 anos, se recusou a arrumar seu quarto: foi penalizada com a proibição de brincar na casa de sua amiga naquela tarde. Roberta, 14 anos, não realizou seus deveres de casa; penalidade: seu iPod ficou retido por um dia.

É muito importante que os pais apliquem penalidades que tenham um significado para a criança, pois de nada adiantaria retirar o iPod da Roberta se ela raramente escutasse músicas, por exemplo.

Também evite aplicar penalidades do tipo: "Você está proibido de assistir à televisão por um ano." A penalidade deve ter um significado de perda imediata para a criança ou o adolescente. Se for aplicada por um extenso período de tempo, provavelmente o jovem esquecerá inclusive o que a motivou.

Além disso, muitos pais se desautorizam e "reduzem" a penalidade posteriormente. Sendo assim, valem dois novos lembretes: nunca se desautorize e nunca determine um castigo que você não poderá cumprir.

Canto do castigo

Essa técnica punitiva significa uma rápida interrupção das atividades que estavam sendo realizadas por seu filho. Ele é colocado nesse local "chato" imediatamente após o mau comportamento, permanecendo sentado em um banquinho, longe da televisão, logicamente, ou de qualquer fonte estimulatória, brinquedo ou jogo, e deverá permanecer pelo tempo de um minuto para cada ano de idade.

Um despertador deve ser colocado nesse local para cronometrar os minutos do castigo, e a criança poderá sair do castigo apenas após o disparo do despertador. Durante o período em que a criança estiver de castigo, ignore seus pedidos, perguntas e reclamações: ela deve aprender que somente receberá atenção após o despertador tocar. A técnica mostra-se muito eficaz com crianças entre 3 e 11 anos de idade, e a criança deve ser estimulada a pensar durante o castigo sobre seu mau comportamento e sobre a consequência aplicada.

Caso seja preciso colocar dois ou mais filhos no canto do castigo simultaneamente, em caso de uma briga entre eles, por exemplo, opte por locais diferentes, onde um não tenha contato com o outro. Muito importante: nunca coloque o canto do castigo no próprio quarto da criança, pois, como descrito anteriormente, este local deve ser considerado "chato" e "sem nada para fazer".

O canto do castigo deve ser também um local seguro e bem-iluminado. Eu me lembro de um caso em que a mãe colocou a filha na garagem escura, localizada nos fundos da casa. Bem, o objetivo do canto do castigo não é apavorar a criança, e sim deixá-la em um local "chato" para interromper imediatamente o mau comportamento e para que ela possa pensar sobre o ocorrido.

Para a utilização de qualquer técnica comportamental de disciplina, as "regras do jogo" devem ser explicadas à criança. Nesse caso, ela deve saber como irá funcionar o método, os motivos e objetivos da utilização do canto do castigo e sobre o despertador para o controle do tempo. Quando ocorrer o mau comportamento, a criança já saberá a respeito da possível consequência de seu ato, a punição, portanto não grite com ela, apenas a encaminhe ao canto do castigo.

O canto do castigo tem dois objetivos principais: interromper o problema comportamental imediatamente e, no longo prazo, ensinar a criança a se disciplinar. Essa técnica é fácil de ser aplicada pelos pais, é um modelo racional e pacífico, capaz de interromper muitos tipos de mau comportamento, favorece o diálogo entre a criança e seus cuidadores, promovendo o entendimento e a aprendizagem dela sobre regras e consequências de seus atos.

O canto do castigo pode ter uma utilização semelhante para interromper, por exemplo, a briga entre dois irmãos pela disputa de um brinquedo ou jogo de computador. Nesse caso, o brinquedo ou o jogo de computador pode ser colocado no canto do castigo. Observe os seguintes casos:

Letícia, 9 anos, e o irmão José Carlos, 6, brigam por um boneco. A mãe das crianças recolhe o boneco e o coloca em cima da geladeira, juntamente com o despertador, marcando nove minutos no cronômetro. Ela repetirá essa ação, caso a briga e disputa pelo boneco se repita.

Anderson, 11 anos, e Carol, 10, brigam para jogar o novo videogame que ganharam da avó. O pai desliga o aparelho e coloca o despertador em cima da televisão, cronometrando 11 minutos até despertar. Ele poderá repetir o procedimento caso o problema venha a ocorrer novamente.

Erros na aplicação do canto do castigo:

Erro Nº1

Nunca converse ou discuta com a criança durante a aplicação do canto do castigo. Imediatamente após o mau comportamento, direcione-a ao castigo e a ignore até que o despertador toque. Algumas crianças permanecem gritando

SKINNER E AS TÉCNICAS COMPORTAMENTAIS

ou chorando durante esse período; na verdade, elas desejam atenção dos pais, portanto ignore a tentativa de manipulação da criança até o fim do castigo.

Erro Nº 2

Nunca utilize o quarto da criança ou outro local interessante para o canto do castigo. Opte pelo banheiro, sala ou outro local "chato".

Erro Nº 3

Nunca realize ameaças ou intimidações de que a colocará no canto do castigo, efetivamente utilize a técnica todas as vezes que o mau comportamento ocorrer.

Erro Nº 4

Nunca utilize períodos muito longos para o canto do castigo, utilize sempre 1 minuto para cada ano de idade da criança.

Erro Nº 5

Não crie um ambiente hostil para o canto do castigo, que não é um local para amedrontar a criança, mas apenas um local "chato" para interromper imediatamente o mau comportamento e fazê-la pensar sobre o ocorrido e sobre as consequências de seus atos.

Erro Nº 6

Não se desautorize. Muitas vezes os pais são coagidos a retirar a punição por recusa da criança em cumprir o castigo. Por se tratar de uma criança opositiva, desobediente e desafiadora, será possível que ela se rebele contra o canto do castigo e grandes serão as chances de ela tentar impedir que você seja um pai ou mãe que imponha limites. Portanto, se a criança se recusar a ir para o canto do castigo, faça o seguinte: para uma criança com menos de 4 anos de idade, carregue-a até o canto do castigo e seja enfático na imposição da regra. Caso a criança tenha entre 5 e 12 anos de idade, informe que a recusa de ir imediatamente ao canto do castigo resultará no acréscimo de 1 minuto para cada 10 segundos de demora para o cumprimento da punição. Acrescente os minutos de punição e, se mesmo assim a criança continuar a se recusar a cumpri-la, anuncie que esse comportamento resultará em uma penalidade, como descrito anteriormente neste capítulo. Acrescente a penalidade combinada.

Caixa do castigo

Uma outra estratégia semelhante será a criação de uma "caixa do castigo". O objetivo dessa técnica será apreender os objetos pessoais como brinquedos, jogos e roupas que a criança deixa espalhados pela casa. Por exemplo, Aline, 8 anos, espalha suas bonecas pela casa toda e sempre apresenta dificuldade em guardá-las quando solicitada. A mãe coloca a caixa do castigo na sala, próximo às bonecas, posicionando também o despertador junto à caixa. Solicita o recolhimento de seus pertences e cronometra 2 minutos para que Aline recolha e guarde suas bonecas no armário.

Caso Aline não recolha as bonecas no tempo combinado, a mãe deve recolher as bonecas deixadas no chão da sala colocando-as na caixa do castigo. Estas são mantidas ali até domingo, quando poderão ser devolvidas a Aline. A conduta da mãe será refeita caso o problema se repita.

CAPÍTULO 8

GUIA DOS PAIS

O Guia dos Pais é um conjunto de dicas e recomendações para a promoção de um ambiente doméstico saudável e acolhedor, visando à melhoria da comunicação e à harmonia entre os membros da casa, diminuindo assim as possibilidades do desencadeamento ou piora de comportamentos opositivos, desafiadores e desobedientes dos filhos. Devo informar que este guia não é uma "receita de bolo", com todas as informações possíveis e com a solução mágica de questões relacionadas com indisciplina e desrespeito dos filhos, mas apresenta ferramentas importantes para ajudá-los nessa difícil jornada de orientação e criação.

Descrevo a seguir as 12 regras do Guia dos Pais:

1. Tenha um ambiente doméstico saudável

Uma criança que cresce em um ambiente doméstico saudável, respeitador, com pais presentes e participativos em sua vida, terá menores chances de apresentar problemas relacionados com comportamentos desafiadores, desobedientes e opositivos.

2. Estabeleça regras e limites

Toda criança necessita de regras e limites. Parece óbvio, mas não é exatamente o que costumo identificar no consultório em muitos casos, principalmente quando falo no transtorno desafiador opositivo. Observo diariamente muitos reizinhos, ditadores e pequenos tiranos que dominam, manipulam e mandam nos próprios pais. Afinal, quem está no comando? Existe uma hierarquia nesse lar? Portanto, estabeleça as regras da família; seus filhos precisam saber que o "rei" e "rainha" da casa são os pais.

Para tanto, famílias que conseguem estabelecer regras claras e objetivas de convivência facilitam o estabelecimento de um ambiente saudável entre pais e filhos. Crianças necessitam de regras muito bem estabelecidas para estruturar suas vidas, portanto os pais devem conversar entre si e dialogar com seus filhos, estabelecendo regras, limites e consequências de mau comportamento ou desobediência. Essas regras podem ser discutidas em reuniões de família, envolvendo os pais e os filhos.

As possíveis consequências por mau comportamento devem ser realizadas, quando necessário, como um ato de amor, e não como uma simples punição. Atos de ameaça, revanche ou punições físicas e morais, como humilhações, devem ser evitados, pois não servem a nenhum propósito. Bater na criança, por exemplo, poderia reforçar comportamentos agressivos contra outros colegas na escola.

Conceitos éticos e morais formados com regras claras e objetivas favorecem a formação de habilidades sociais importantes na criação do caráter e serão utilizados por toda a vida.

3. Faça pedidos claros e objetivos

Frequentemente me deparo com pais que se queixam de que seus filhos não lhes obedecem, não cumprem suas solicitações e pedidos. Entretanto, ao questionar por um exemplo de tais pedidos, costumo ouvir relatos como este:

"Doutor, o Bruno tem 10 anos de idade e já cansei de repetir antes de sair de casa: 'Bruno, quando eu voltar do trabalho, quero ver você de banho tomado, Ok?'"

Nesse caso o problema está na forma como esse comando foi feito, pois a mãe de Bruno nunca tem hora para chegar do trabalho — às vezes ela chega em casa às 16 horas, em outros dias chega às 18 horas e em outros às 21 horas —, portanto, ela realiza o pedido de maneira vaga. Ora, Bruno simplesmente não sabe o horário em que deve tomar banho!

A provável solução desse problema de comunicação poderia ser:

"Bruno, por favor, tome banho às 18 horas." Informação clara, objetiva, enunciado curto e simples.

Outro exemplo interessante é da mãe que passa informações excessivas e desnecessárias à criança, como nesse exemplo:

"João Paulo, no período da tarde, quero que você tome banho no banheiro dos fundos, pois o encanamento do banheiro da frente estourou e o rapaz vai consertar amanhã. Ah, e não se esqueça do xampu azul, pois o amarelo é o antialérgico do seu irmão, hein..."

Ufa, no fim desse pedido o pobre João Paulo não sabe se é para tomar banho no banheiro da frente ou se não é para tomar banho, pois o encanamento do banheiro está quebrado, ou porque acabou o xampu etc.

Mãe, simplifique, facilite o entendimento de seu filho através de uma solicitação também simples e objetiva:

"João Paulo, por favor, tome banho às 17 horas no banheiro dos fundos e use o xampu azul."

4. Pai e mãe devem falar a "mesma língua"

Realmente é essencial que ambos os pais concordem na maneira de agir e lidar com seu filho. Questões comportamentais de indisciplina estão mais presentes, por exemplo, entre filhos de pais que discutem, divergem e que não concordam na maneira de educar os filhos.

As divergências entre os pais ou cuidadores expõem fraquezas, falta de comando e descontrole, permitindo assim que o filho os manipule à sua maneira, da forma mais conveniente a cada momento e em cada situação.

5. Seja um exemplo positivo e pacífico para o seu filho

Muitos pais confundem limite e monitoramento com intolerância, autoritarismo e violência. Na verdade, a família é um grande modelo de aprendizagem para a criança, ou seja, todo comportamento apresentado pelos pais pode ser aprendido e copiado pelo filho, que os observa a todo momento. Pais agressivos, violentos e que realizam ameaças aos filhos estarão ensinando esse modelo agressivo a eles. A criança que apanha dos pais e escuta ameaças e gritos quando é indisciplinada, por exemplo, pode aprender esse comportamento como correto e passar a apresentar a mesma postura na escola, entre amigos.

6. Seja amigo de seu filho

O significado de amizade, segundo o Dicionário Aurélio, é: "Sentimento fiel de afeição, apreço, estima ou ternura entre pessoas." Portanto, seja amigo e esteja sempre presente na vida de seu filho. Tire um tempo livre diariamente para passar alguns momentos com seu filho ou filha. Exerça uma atenção positiva, conversando, brincando, praticando esportes, passeando com ele e buscando soluções para os mais diversos assuntos.

Nesse momento, não perca tempo criticando ou dando ordens, apenas se divirta e aprecie o momento com seu filho. Em muitos casos de crianças com comportamentos opositivos e desafiadores, os pais não aproveitam o pouco tempo que têm ao chegar do trabalho para interagir positivamente com seus filhos e acabam por desperdiçar um tempo precioso com brigas, críticas, ameaças, reclamações e gritos.

Pesquisas demonstram que um bom relacionamento entre pais e filhos é um importante fator protetor em relação aos problemas de comportamento. Neste sentido, posso afirmar que uma das funções da família é dialogar, esclarecer dúvidas, ensinar limites e ajudar a criança ou o adolescente a lidar com frustrações. Realize passeios, faça refeições à mesa com toda a família sempre que possível. A integração familiar é essencial para auxiliar na prevenção e no manejo de problemas de indisciplina.

7. Fortaleça a autoestima de seu filho

Baixa autoestima é uma das grandes características de crianças e adolescentes com sintomas de oposição, desafio ou que se envolvem com drogas. Portanto, ajude a criar uma

GUIA DOS PAIS

boa autoestima em seu filho exercendo um reforço positivo às suas atitudes através de elogios, carinho e atenção. Nunca diga coisas do tipo: "Você não faz nada certo" ou "Você é pior que todo mundo na escola".

8. Esteja atento às mudanças da adolescência

A adolescência é uma fase de grandes mudanças físicas e comportamentais, logo, esteja preparado para novos desafios e dificuldades na criação de seus filhos. Situações conflituosas, brigas, novas exigências, novas amizades e afastamento da família podem ocorrer. Procure dialogar e entender a busca por identidade dos filhos adolescentes.

9. Esteja atento à saúde mental de seu filho

Uma parcela importante de crianças e jovens com problemas de indisciplina apresenta transtornos comportamentais como depressão, quadros ansiosos, transtorno desafiador opositivo, transtorno de conduta ou transtorno de déficit de atenção/hiperatividade. Na presença de prejuízos acadêmicos e de relacionamentos sociais, procure orientação de um médico psiquiatra especialista em infância e adolescência para avaliação comportamental completa. Na maioria das vezes, uma intervenção precoce pode exercer importante papel no tratamento desses sintomas.

10. Ensine sobre as "pressões" da juventude

A "pressão" que adolescentes vivenciam para serem aceitos em determinados grupos é corriqueira e essa influência é determinante em sua maneira de agir, pensar, falar, se vestir e se comportar, por exemplo.

Essa "pressão" para ser aceito pode ser positiva (para tirar boas notas no colégio, praticar esportes e se tornar membro da equipe da escola) ou negativa ("matar" aula, fumar cigarro, beber cerveja no boteco após a aula, depredar patrimônio público ou furtar objetos em lojas). Portanto, cabe a você orientar seus filhos sobre a importância da individualidade e de saber diferenciar a "pressão positiva" da "pressão negativa" exercida pelos amigos e colegas.

11. Estimule a prática de esportes

Estimular as práticas esportivas é uma estratégia importante no tratamento dos problemas de indisciplina. Através do esporte, conceitos básicos de respeito, ética, moral, hierarquia, companheirismo, organização, liderança, cooperação, trabalho em equipe, competição, aprendizagem de regras, limites, desenvolvimento de habilidades motoras e sociais serão estimulados e ensinados.

Esportes de luta, como judô, capoeira, tae kwon do e jiu-jítsu, ajudam no autoconhecimento, controle das emoções, disciplina e na inclusão social. A autoestima da criança será protegida, sendo o esporte considerado um fator

GUIA DOS PAIS

de proteção também ao envolvimento com álcool e outras drogas. Além disso, praticando esportes ao lado de seu filho, seus laços afetivos ficarão mais fortes.

12. Comunique-se com a escola

A comunicação entre pais e professores é muito importante para a identificação e o monitoramento do comportamento do estudante. Portanto, comunique-se com professores e coordenadores pedagógicos sempre que necessário. A experiência diária de professores com o aluno poderá ser de grande valia para a discussão e a busca conjunta por estratégias e soluções de problemas de indisciplina do estudante presentes tanto na escola quanto em casa.

A utilização de uma agenda escola-casa pode ser uma estratégia interessante de comunicação entre pais e professores. Com a "correria" do dia a dia, muitas vezes pais apresentam dificuldades de estar em contato diário ou semanal com o corpo pedagógico da escola, e essa agenda pode ser uma bela ferramenta de comunicação.

Uma estratégia interessante para se conhecer e posteriormente monitorar o comportamento da criança ou adolescente na escola será por meio de um diário escolar de comportamento, como exemplificado no Apêndice IV. O comportamento do estudante será estudado com o auxílio do diário e será muito importante para o entendimento e o planejamento de estratégias de adequação comportamental no ambiente escolar.

Apêndice I.
Tabela de Economia de Fichas

NOME: *Maurício, 10 anos*
DATA: *Segunda-feira, 4 de março de 2014*

COMPORTAMENTO	DIAS DA SEMANA						
	S	T	Q	Q	S	S	D
1. Manter o quarto arrumado	1	1	1	0	0		
2. Comer toda a salada no almoço	0	1	0	0	1		
3. Participar adequadamente das atividades propostas pela professora na escola	1	0	0	1	1		
4. Ser educado com os colegas da escola	1	1	1	0	1		
5. Realizar os deveres de casa às 15 horas	1	0	1	1	0		
6. Escovar os dentes após as refeições	1	1	1	1	0		

Comportamento positivo = 1 ponto
Comportamento negativo = 0 ponto
Pontos necessários para o prêmio semanal + 1 ficha =
25 pontos
Prêmio desta semana: *Ir ao aniversário do Rafinha na lan house do tio Geraldo*

Adaptado de Clark, L. *SOS: Help for Parents*, 2003.

APÊNDICE II.
MENU DE RECOMPENSAS

NOME: *Maurício, 10 anos*
DATA: *Março de 2014*

RECOMPENSA	CUSTO EM FICHAS
Ir ao McDonald's	2
Ir à sorveteria	2
Ir à lan house	4
Barra de chocolate	1
DVD novo	2
Assistir à televisão durante a semana até as 21 horas	3
Jogar no computador por duas horas durante a semana	3
Dormir na casa do Guilherme	2
Comprar 1 jogo de videogame	6

Adaptado de Clark, L. *SOS: Help for Parents*, 2003.

Apêndice III.
Contrato pais-filho

Eu, *Marcelo*, concordo em: *manter meu quarto arrumado, livros na estante, roupas e brinquedos guardados no armário.*

Nós, pai e mãe, concordamos em: *permitir que Marcelo brinque no computador diariamente até as 19 horas.*

Caso *Marcelo não cumpra sua obrigação, estará proibido de brincar no computador até que cumpra o que foi combinado.*

DATA: *5 de março de 2014*

CONTRATO TERMINA EM: *30 de maio de 2014, podendo ser renovado.*

ASSINATURAS:

_____

(Filho)

_____

(Pai)

_____

(Mãe)

Adaptado de Clark, L. *SOS: Help for Parents*, 2003.

APÊNDICE IV.
DIÁRIO ESCOLAR DE
COMPORTAMENTO

NOME: *Ricardo, 8 anos*
DATA: *11 de março de 2014*
SEMANA: *1*

COMPORTAMENTO	NOTAS DA SEMANA				
	S	T	Q	Q	S
Participação em atividades em sala de aula	2				
Qualidade do dever de casa	2				
Respeito às regras na sala de aula	1				
Respeito aos funcionários da escola	3				
Comportamento no recreio escolar	2				
Comportamento com outros alunos	1				

PONTUAÇÃO TOTAL DA SEMANA:

Excelente = 4

Bom = 3

Regular = 2

Insuficiente = 1

Nome do(a) professor(a): *Maria*

Comentários sobre o comportamento do aluno na semana:

_____

_____

_____

_____

_____

_____

_____

_____

_____

Adaptado de Barkley, R. A. e Benton, C. M. *Your Defiant Child*, 1998.

Bibliografia

AMERICAN ACADEMY OF CHILD AND ADOLESCENT PSYCHIATRY. *Practice Parameter for Assessment and Treatment of Children and Adolescents with Oppositional Defiant Disorder.* Disponível em: <http://www.aacap.org/galleries/PracticeParameters/JAACAP—ODD—2007.pdf>. Acesso em: 10 jan. 2013.

——————. *Practice Parameter for Assessment and Treatment of Children and Adolescents with Conduct Disorder.* Disponível em: <http://www.aacap.org/galleries/PracticeParameters/Conduct.pdf>. Acesso em: 10 jan. 2013.

AMERICAN PSYCHIATRIC ASSOCIATION. *Diagnostic and Statistical Manual of Mental Disorders.* 4ª ed. Washington, D.C.: American Psychiatric Association, 1994.

AMERICAN PSYCHIATRIC PUBLISHING. *Dulcan's Textbook of Child and Adolescent Psychiatry* 1ª ed. Washington, D.C.: American Psychiatric Publishing, 2010.

ARANA, G. W. *Handbook of Psychiatric Drug Therapy*. 4ª ed. Filadélfia, PA: Lippincott Williams Wilkins, 2000.

ASSUNÇÃO, F. B. e KUCZYNSKI, E. *Tratado de psiquiatria da infância e adolescência*. São Paulo: Editora Atheneu, 2003.

BARKLEY, R. A. e BENTON, C. M. *Your Defiant Child*. Nova York: The Guilford Press, 1998.

BARKLEY, R. A. e EDWARDS, G. H. e ROBIN, A. L. *Defiant Teens: A Clinician's Manual for Assessment and Family Intervention*. Nova York: The Guilford Press, 1999

BRAZELTON, T. B. e SPARROW, J. D. *Disciplina: o método Brazelton*. Porto Alegre: Artemed Editora, 2005.

CLARK, L. *SOS: Help for Parents. A Practical Guide for Handling Common Everyday Behavior Problems*. 2ª ed. Parents Press & SOS Programs, 2003.

CORDIOLI, A. V. *Psicofármacos: consulta rápida*. 2ª ed. Porto Alegre: Artes Med Editora, 2000.

DEL PRETTE, Z. *Psicologia das habilidades sociais: terapia e educação*. Petrópolis: Vozes, 1999.

GOLDMAN, L. *Cecil Textbook of Medicine*. 21ª ed. W. B. Saunders Company, 2000.

GREENE, R. *The Explosive Child*. 1ª ed. HarperCollins, 2005.

KAPLAN, H. I. SADOCK, B. J. e GREBB, J. A. *Compêndio de psiquiatria: ciências do comportamento e psiquiatria clínica*. 7ª ed. Porto Alegre: Artmed, 1997.

KOLB, B. e WHISHAW, I. Q. *An Introduction on Brain and Behavior*. Worth Publishers, 2001.

LEVY, R. e O'HANLON, B. *Try and Make Me! Simplestrategies That Turn off the Tantrums and Create Cooperation*. 1ª ed. New American Library, 2001.

BIBLIOGRAFIA

LEWIS, M. *Tratado de psiquiatria da infância e adolescência*, 1ª ed. Porto Alegre: Artes Médicas, 1995.

MACKENZIE, R. *Setting Limits with Your Strong-Willed Child.* Nova York: Three Rivers Press, 2001.

ORGANIZAÇÃO MUNDIAL DE SAÚDE. *Classificação estatística internacional de doenças e problemas relacionados à saúde.* 10ª ed. São Paulo: Edusp, 1996.

PINTADO, I. S. *El niño agressivo.* Madri: Ediciones Pirâmide, 2006.

PRUITT, D. B. *Your Adolescent: What Every Parent Needs to Know. What's Normal, What's Not, and When to Seek Help.* 1ª ed. Nova York: HarperCollins, 1999.

——————. *Your child: What Every Parent Needs to Know About Childwood Development from Birth to Preadolescence,* 1ª ed. Nova York: HarperCollins, 1998.

RANGÉ, B. *Psicoterapias cognitivo-comportamentais: um diálogo com a psiquiatria.* Porto Alegre: Artmed Editora, 2001.

RILEY, D. A. *The Defiant Child: A Parent's Guide to Oppositional Defiant Disorder.* Taylor Trade Publishing, 1997.

RUTTER, M. e TAYLOR, E. *Child and Adolescent Psychiatry.* 4ª ed. Blackwell Publishing, 2002.

STAHL, S. M. *Psicofarmacologia — base neurocientífica e aplicações práticas.* 2ª ed. MEDSI Editora Médica e Científica, 2002.

STALLARD, P. *Bons pensamentos — bons sentimentos: manual de terapia cognitivo-comportamental para crianças e adolescentes.* Porto Alegre: Artmed, 2004.

STUBBE, D. *Child and Adolescent Psychiatry: A Practical Guide.* 1ª ed. Filadélfia, PA: Lippincott Williams & Wilkins, 2007.

TEIXEIRA, G. *Terapêutica medicamentosa no transtorno desafiador opositivo: revisão da literatura*. Arq Bras Psiq Med Legal, v. 100, n. 2, 2006.

—————. *Transtornos comportamentais na infância e adolescência*. Rio de Janeiro: Rubio, 2006.

—————. *Drogas: guia para pais e professores*. Rio de Janeiro: Rubio, 2007.

—————. *Manual dos transtornos escolares*. Rio de Janeiro: Editora Best*Seller*, 2013.

O AUTOR

Dr. Gustavo Teixeira é natural de São José do Rio Preto, no estado de São Paulo. Estudou nos Estados Unidos, graduando-se pela South High School, em Denver, no Colorado, local onde aprendeu pela primeira vez sobre programas escolares de inclusão de crianças com necessidades especiais.

Dr. Gustavo tornou-se médico aos 25 anos e continuou seus estudos no Instituto de Psiquiatria da Universidade Federal do Rio de Janeiro. É também especializado em dependência química pela Universidade Federal de São Paulo, em saúde mental infantil pela Santa Casa do Rio de Janeiro e possui curso de extensão em psicofarmacologia da infância e adolescência pela Harvard Medical School.

O médico brasileiro é mestre em educação pela Framingham State University, nos Estados Unidos, onde desenvolve im-

O REIZINHO DA CASA

portante trabalho de psicoeducação nos transtornos comportamentais infantis.

Palestrante internacional em inclusão e educação especial, Dr. Gustavo apresentou dezenas de workshops nos últimos anos, em países como Austrália, Coreia do Sul, Áustria, Inglaterra, Suécia, e também escolas internacionais e cursos de verão nos Estados Unidos para o Department of Special Education and Communication Disorders da Bridgewater State University, no estado de Massachusetts, onde é professor visitante. No Brasil, ele também realiza palestras em universidades e escolas para orientar professores sobre as principais condições comportamentais que afetam crianças e adolescentes no ambiente escolar.

Contato com o autor

Contatos para consultorias, palestras, cursos, eventos, entrevistas e consultas:

(21) 2710-6729
(21) 98232-2785
www.comportamentoinfantil.com
comportamentoinfantil@hotmail.com
www.facebook.com/comportamentoinfantil
www.twitter.com/drteixeira

Este livro foi composto na tipologia Adobe Garamond Pro,
em corpo 11,5/16,7, e impresso em papel off-white
no Sistema Cameron da Divisão Gráfica
da Distribuidora Record.